LA LEY NATURAL

UNA BREVE INTRODUCCIÓN Y DEFENSA BÍBLICA

TEOLOGÍA PARA VIVIR

Fe y Palabra

DAVID HAINES

Y

ANDREW FULFORD

Impreso en Lima, Perú

**LA LEY NATURAL: UNA BREVE INTRODUCCIÓN Y
UNA DEFENSA BÍBLICA**

Título original: David Haines y Andrew Fulford, *Natural Law: A Brief Introduction and Biblical Defense* (Leesburg, VA: The Davenant Institute, 2017). All rights reserved. Todos los derechos reservados para la edición en español para Teología para Vivir.
Autor: © David Haines y Andrew Fulford.
Traducción: Romel Xavier Quintero.
Revisión de traducción: Jaime D. Caballero.
Diseño de cubierta: Rachel Rosales, Orange Peel Design
Cubierta edición en español: Billy Jerry Gil Contreras.
Serie: Apologética y Ética - **Volumen:** 02

Editado por: ©TEOLOGIAPARAVIVIR.S.A.C
José de Rivadeneyra 610.
Urb. Santa Catalina, La Victoria.
Lima, Perú.
ventas@teologiaparavivir.com
https://www.facebook.com/teologiaparavivir/
www.teologiaparavivir.com
Primera edición: Junio de 2020
Tiraje: 1000 ejemplares

**Hecho el Depósito Legal en la Biblioteca Nacional del Perú, N°: 2020-03843
ISBN: 978-612-48260-1-6**

Se terminó de imprimir en junio de 2020 en:
ALEPH IMPRESIONES S.R.L.
**Jr. Risso 580, Lince
Lima, Perú.**

Ley Natural: Una breve introducción y defensa bíblica no podría haber llegado en mejor momento. Fulford y Haines han proporcionado un trabajo sobresaliente que debe tener un amplio público si los cristianos quieren volver a involucrarse en la arena pública de manera cuidadosa y correcta. Antes de presentar lo que puede ser la mejor defensa bíblica reciente de la teoría de la ley natural, fundamentan la ley natural en sólidos tratamientos metafísicos de la relación de Dios con la ley natural y en la metafísica de la creación dentro de la cual la ley natural tiene sentido. ¡Estoy emocionado con este libro! Y doy gracias a Dios por Fulford y Haines, que se esforzaron y dedicaron mucho tiempo a servir a la iglesia con este recurso.

J.P. Moreland

Distinguido Profesor de Filosofía, *Talbot School of Theology*, Biola University

Esta es una guía que tiene una profundidad considerable; de hecho, tiene dos dimensiones distintas. El lector es, en primer lugar, guiado a las raíces filosóficas del pensamiento de la ley natural en la filosofía antigua y escolástica; luego, en segundo lugar, a la evidencia bíblica a favor de la ley natural. El resultado es una introducción excelente y provocadora.

Paul Helm

Profesor emérito, *King's College*, Londres.

La revelación general de Dios no solo tiene una dimensión cósmica sino también una dimensión moral. Esto no debería ser controversial entre los teólogos y filósofos cristianos. Sin embargo, durante el siglo veinte, se sostuvo ampliamente que la Reforma eliminó este lado moral de la revelación general que llamamos la ley natural. Afortunadamente, durante la última década, esa mala lectura ha sido exitosamente corregida, y ahora estamos pasando de la recuperación a la reflexión contemporánea. Fulford y Haines se unen a este resurgimiento de la consideración protestante de la ley natural con una sólida introducción filosófica y bíblica. Los autores y The Davenant Institute merecen nuestro más profundo agradecimiento por hacer estos temas accesibles a un amplio número de lectores en un libro tan claro y reflexivo.

Manfred Svensson

Profesor de filosofía, *Universidad de los Andes,* autor de Reforma
Protestante y Tradición Intelectual Cristiana

TABLA DE CONTENIDOS

LAS GUÍAS DAVENANT

Las *Guías Davenant* buscan ofrecer introducciones cortas y accesibles para temas clave de debate actual en la teología y la ética, planteándolo desde una perspectiva protestante magisterial y defendiendo su relevancia contemporánea para la actualidad.

UNA BREVE INTRODUCCIÓN Y UNA DEFENSA BÍBLICA

INTRODUCCIÓN

«En el principio creó Dios los cielos y la tierra» (Gn. 1:1). «Y vio Dios todo lo que había hecho, y he aquí que era bueno en gran manera» (Gn. 1:31). El cristianismo enseña que Dios creó el universo de la nada (*ex nihilo*). Siguiendo las Escrituras hebreas, las enseñanzas de Cristo y el testimonio de sus apóstoles, una de las declaraciones cristianas fundacionales de la fe, el credo niceno, comienza así: «Creo en un solo Dios, Padre todopoderoso, creador del cielo y de la tierra, de todo lo visible y lo invisible»[1]. Asimismo, la Confesión de Fe de Westminster, uno de los credos más cruciales producido por teólogos protestantes, proclama:

> Agradó a Dios Padre, Hijo y Espíritu Santo, para la manifestación de la gloria de su eterno poder, sabiduría y bondad, crear o hacer de la nada, en el principio, el mundo y todas las cosas en él, ya sean visibles o invisibles, en el espacio de seis días, y todas muy buenas[2].

En las líneas de apertura de la Biblia y en los credos de la Iglesia,

---

[1] Cf. Philip Schaff, *The History of Creeds*, vol. 1 de *The Creeds of Christendom*, ed. David S. Schaff, 6.º ed. (1983; reimpr., Grand Rapids: Baker Books, 2007), 27.

[2] «The Westminster Confession of Faith, 1647», en Philip Schaff, *The Evangelical Protestant Creeds*, vol. 3 de *The Creeds of Christendom*, 6.º ed., ed. David S. Schaff (1983; reimpr., Grand Rapids: Baker Books, 2007), 611.

aprendemos que Dios es la fuente de toda la creación, y que todas las cosas creadas eran, en sus estados naturales divinamente instituidos, «buenas». Como veremos, el hecho mismo de la creación divina parece apuntar hacia lo que tradicionalmente ha sido llamado «la ley natural»: la noción de que hay, a causa del intelecto divino, un orden natural dentro del mundo creado por el cual la bondad de cada ser creado puede ser objetivamente juzgada, tanto a nivel de ser (bondad ontológica) como a nivel de acción humana (bondad moral [específicamente en el caso de los seres humanos]). La bondad ontológica es el fundamento de la bondad moral.

Pero, alguien podría preguntar, ¿no es la doctrina de la ley natural una invención de los teólogos romanistas (una invención no bíblica y rechazada por los teólogos protestantes coherentes)? Es cierto que la ley natural no siempre ha sido bien recibida en la ética protestante, y hoy parece ser menos aceptada que nunca. Mientras que algunas obras protestantes sobre ética ni siquiera mencionan la ley natural[3], otras obras, escritas por pensadores evangélicos importantes, parecen sugerir que la afirmación de que los humanos no regenerados pueden descubrir lo que es bueno a través de alguna forma de ley natural, se aparta de una teología verdaderamente protestante. Para Cornelius Van Til, la aproximación romanista a la ética no está calificada para «afirmar o defender la doctrina cristiana verdadera del comportamiento humano», ya que el teólogo romanista:

Admite que el hombre natural que se hace a sí mismo el fin de sus esfuerzos, que usa su propia experiencia en lugar de la voluntad de

---

[3] R. K. Harrison, ed., *The Encyclopedia of Biblical Ethics* (New York: Testament Books, 1992).

Dios como el criterio de sus acciones y que no tiene la fe como la motivación de todo lo que hace, aun así, está capacitado para hacer lo que es correcto sin cualificación en ciertas áreas de la vida[4].

Para Van Til, solo el teólogo cristiano, que tiene la Escritura divinamente inspirada y al Dios trino del cristianismo como su punto de partida, puede aproximarse a lo que podría llamarse una forma de ley natural[5]. De hecho, cuando se trata del conocimiento y el estudio de cualquier cosa que sea «natural», Van Til declara que «la verdad del cristianismo parece ser la presuposición inmediatamente indispensable del estudio fructífero de la naturaleza»[6]. De manera similar, Karl Barth y Stanley Hauerwas[7], rechazan la revelación general junto con la ley natural. Otros,

---

[4] Cornelius Van Til, *Christian Apologetics*, ed. William Edgar, 2.ª ed. (Phillipsburg, NJ: P&R Publishing, 2003), 38.

[5] Cornelius Van Til, *The Defense of the Faith*, ed. K. Scott Oliphint, 4.º ed. (Phillipsburg, NJ: P&R Publishing, 2008), 78.

[6] Van Til, *Defense*, 279.

[7] Karl Barth, *Church Dogmatics*, trad. Bromiley, Campbell, Wilson, McNab, Knight, y Stewart, ed. Bromiley y Torrance (Peabody, MA: Hendrickson Publishers, 2010), II.2:528–35. Obsérvese, por ejemplo, el comentario de Barth al efecto de que: «El orden de obligación basado en el orden de ser no puede como tal ser un orden real de obligación, o en todo caso de una obligación divinamente imperativa (...) Si la obligación está basada en el ser, esto sin duda significa que no está basada en sí misma, sino subordinada a otro en un sentido óntico, y debe derivarse de este otro en un sentido noético (...) Pero en esta presuposición es imposible que lo confronte (y a su ser y su existencia) con un desafío absoluto; de modo que lo domine y reclame con soberanía absoluta...» (Ibid., 532). Cf. Joseph L. Mangina, Karl Barth: *Theologian of Christian Witness* (Louisville, KY: Westminster John Knox Press, 2004), 146. Aquí Mangina señala que, para Barth: «No hay "ley natural", es decir, ningún conjunto de estándares que apliquen a todos los seres humanos y que puedan conocerse aparte de la revelación. Barth rechaza la ley natural por la misma razón que rechaza la teología natural: ambas abstraen de la situación concreta del ser humano que vive bajo la gracia de Dios». Cf. Stanley Hauerwas, *The Peaceable Kingdom: A Primer in Christian Ethics* (Notre Dame, IN: University of Notre Dame Press, 1983), 63, 17.

como Stanley Grenz, parecen pensar que la teoría de la ley natural es refutada por la «así llamada "falacia naturalista"»[8], y, por lo tanto, la rechazan sin pensarlo dos veces. Grenz propone que cualquier forma de teoría de la ley natural debe ser rechazada, ya que «nuestra búsqueda de la verdadera ética requiere que rechacemos la sabiduría del mundo, incluida la tradición filosófica»[9].

Esta hostilidad hacia la ley natural es inapropiada. Como mostraremos en este libro, la ley natural es tanto bíblica como filosóficamente coherente. De hecho, la doctrina de la ley natural parece ser enseñada, no solo por las Escrituras, sino también por los credos y las confesiones, y por los grandes teólogos a lo largo de la historia de la Iglesia. Por consiguiente, la primera sección de este libro explica los fundamentos filosóficos de la ley natural, y la segunda sección argumenta, de acuerdo con la interpretación protestante predominante de las Sagradas Escrituras, que la Biblia entera presupone e incluso enseña la ley natural.

Debido a que la mayor parte de este libro considerará la perspectiva bíblica de la ley natural, no insistiremos en este punto aquí. Sin embargo, es importante señalar que Romanos 2:14-15 ha sido entendido tradicionalmente como una enseñanza de la ley natural:

Porque cuando los gentiles que no tienen ley, hacen por naturaleza lo que es de la ley, éstos, aunque no tengan ley, son ley para sí mismos, mostrando la obra de la ley escrita en sus corazones, dando testimonio su conciencia, y acusándoles o defendiéndoles sus razonamientos.

---

[8] Stanley Grenz, *The Moral Quest: Foundations for Christian Ethics* (Downers Grove, IL: InterVarsity Press, 1997), 46. Más sobre esto adelante.
[9] Grenz, *The Moral Quest*, 163.

Más adelante explicaremos cómo este pasaje enseña la ley natural, pero será útil, a modo de introducción, examinar cómo algunos teólogos protestantes han abordado estos versículos.

En su comentario sobre la epístola a los romanos, Juan Calvino declara que, en estos versículos, Pablo «nos enseña que ellos [los gentiles] llevan (grabados en sus corazones) una advertencia y juicio por los que disciernen entre lo correcto y lo incorrecto; entre la honestidad y la villanía».[10] Y continúa: «Por lo tanto, los hombres tienen cierto conocimiento natural de la ley, el cual les enseña y dice, dentro de sí mismos, que una cosa es buena y otra detestable».[11]

Calvino no estaba solo en su interpretación de estos versículos como referencias a la ley natural; Martín Lutero, en su comentario a Romanos, resume su respuesta a la pregunta «¿Cómo muestran los gentiles que la obra de la ley está escrita en sus corazones?».[12] Allí dice lo siguiente: «Todo esto prueba que ellos conocen la ley por naturaleza, o que pueden distinguir entre el bien y el mal».[13] De hecho, no solo Calvino y Lutero entienden Romanos 2:14-15 como una referencia al conocimiento natural humano de los principios morales verdaderos, sino también la gran mayoría de exegetas bíblicos importantes, incluidos (aunque no

---

10 Jehan Calvin, *Commentaires sur l'épistre aux Romains*, en el tomo 3 de *Commentaires de Jehan Calvin sur le Nouveau Testament* (Paris: Librairie de Ch. Meyrueis et co., 1855), 39. Mi traducción. En francés se lee: «donnent à cognoistre qu'ils portent engrave en leurs cœurs un avis et jugement par lequel ils discernent entre le tort et le droict, entre honnesteté et vilenie».

11 Calvino, *Commentaires*, 40. Mi traducción. En francés se lee: «Les hommes donc ont quelque intelligence naturelle de la Loy, laquelle intelligence les enseigne et leur dit en eux-mesmes qu'une chose est bonne, et l'autre détestable».

12 Martin Luther, *Commentary on the Epistle to the Romans*, trad. J. Theodore Mueller (1954; repr., Grand Rapids: Kregel Publications, 1979), 60.

13 Luther, *Commentary*, 60.

limitado a estos) Orígenes[14], Ambrosiaster[15], Juan Crisóstomo[16], Tomás de Aquino[17], Robert Haldane[18], Charles Hodge[19], John Murray[20], F. F. Bruce[21], Douglas Moo[22], Ben Witherington III[23] y muchos más. Pareciera que la negación de la ley natural dentro de la teología protestante se debiera más a la influencia de la crítica kantiana de la razón y al descenso del entendimiento aristotélico de la teología natural, que a la interpretación bíblica bien informada.

De esta manera, no solo la Escritura, como tradicionalmente

---

[14] Cf. J. Patout Burns, Jr., trad. y ed., *Romans: Interpreted by Early Christian Commentators* (Grand Rapids, MI: Wm. B. Eerdmans Publishing, 2012), 49–50.

[15] Burns, *Romans*, 46–47.

[16] Cf. Jean Chrysostome, *Homilies sur l'épître aux Romains*, vol. 8 des Œuvres Complètes de S. Jean Chrysostome, trad. Abbé J. Bareille (Paris: Librairie de Louis Vives, 1871), 252. Aquí él dice: «Ce mot 'naturellement' signifie l'application à suivre la raison naturelle». Mi traducción: «La palabra "naturalmente" significa el esfuerzo por obedecer la razón natural».

[17] Tomás de Aquino, *ST* II-II, q. 94, a. 6. En el *Sed Contra* de este artículo Aquino declara: «La ley que está escrita en los corazones de los hombres es la ley natural». Esto es, a la vez, una referencia a una cita de Agustín y una referencia a Romanos 2:14-15.

[18] Robert Haldane, *An Exposition of the Epistle to the Romans* (Florida: Mac Donald Publishing Company, 1958), 90.

[19] Charles Hodge, *A Commentary on Romans*, edición revisada (1864; reimpr., Carlisle, PA: Banner of Truth Trust, 1975), 56-59. Hodge señala, en su sección sobre la doctrina enseñada en estos versículos, que «el sentido moral es una parte original de nuestra constitución, y no el resultado de la educación» (Ibid., 58).

[20] John Murray, *The Epistle to the Romans* (Grand Rapids: Wm. B. Eerdmans Publishing, 1968), 72–79.

[21] F. F. Bruce, *The Epistle of Paul to the Romans: An Introduction and Commentary*, edición revisada (1985; reimpr., Grand Rapids: Wm. B. Eerdmans Publishing, 2003), 84.

[22] Douglas Moo, *The Epistle to the Romans*, NICNT (Grand Rapids: Wm. B. Eerdmans Publishing, 1996), 148-153.

[23] Ben Witherington III y Darlene Hyatt, *Paul's Letter to the Romans: A Socio-Rhetorical Commentary* (Grand Rapids: Wm. B. Eerdmans Publishing, 2004), 73-84.

se interpreta, enseña la ley natural, sino que también la gran mayoría de los teólogos protestantes han encontrado al menos un lugar para la ley natural en su teología. Además, los grandes teólogos cristianos desde el siglo segundo hasta la Edad Media enseñaron la ley natural. Incluso la mayoría de los teólogos puritanos creyeron firmemente en la ley natural y apelaron frecuentemente a ella en sus tratados teológicos sobre diversos temas.[24] El teólogo anglicano Richard Hooker, un principal oponente de los puritanos, estuvo de acuerdo con su afirmación y defensa de la ley natural.[25]

Quizá más sorprendente, la ley natural halló un espacio en varios credos y confesiones protestantes. Por ejemplo, la *Confesión de fe de Westminster* parece enseñar la doctrina de la ley natural cuando declara:

Hay algunas circunstancias con respecto a la adoración de Dios y el gobierno de la Iglesia, comunes a las acciones y sociedades humanas, que deben ser ordenadas *por la luz de la naturaleza* y la prudencia cristiana, de acuerdo con las reglas generales de la Palabra, que siempre deben ser observadas[26].

La *Confessio Fidei Gallicana* (la *Confesión francesa de fe*), preparada por Juan Calvino y publicada por Teodoro de Beza, es aún más explícita. Allí leemos que el hombre caído «puede todavía

---

[24] Wallace W. Marshall, *Puritanism and Natural Theology* (Eugene, OR: Pickwick Publications, 2016), 22.

[25] Cf. Richard Hooker, *Divine Law and Human Nature: Or, the first book of Of the Laws of Ecclesiastical Polity, Concerning Laws and their Several Kinds in General*, ed./trad. W. Bradford Littlejohn, Brian Marr y Bradley Belschner (Moscow, ID: The Davenant Press, 2017).

[26] «The Westminster Confession of Faith, 1647», en Philip Schaff, *The Evangelical Protestant Creeds*, vol. 3 de *The Creeds of Christendom*, 6.º ed., ed. David S. Schaff (1983; reimpr., Grand Rapids: Baker Books, 2007), 604. Las cursivas son mías. Cf. Ibid., 600.

discernir el bien y el mal»[27], sin la ayuda de las Sagradas Escrituras.

Por lo tanto, proponemos que la ley natural es un elemento necesario de la verdadera fe cristiana. Queremos invitar al lector contemporáneo a una travesía de descubrimiento en la que lo introduciremos en los fundamentos filosóficos y las enseñanzas bíblicas de la ley natural. Demostraremos que la ley natural se fundamenta en la naturaleza humana (como fue diseñada y creada por Dios), y que se enseña claramente en la Biblia, la Palabra inspirada de Dios.

---

[27] «The French Confession of Faith, A.D. 1559» en Philip Schaff, *The Evangelical Protestant Creeds*, vol. 3 de *The Creeds of Christendom*, ed. David S. Schaff, 6.ª ed. (1983; reimpr., Grand Rapids: Baker Books, 2007), 365.

PARTE I:

LOS FUNDAMENTOS FILOSÓFICOS DE LA TEORÍA DE LA LEY NATURAL

DAVID HAINES

CAPÍTULO 1: INTRODUCCIÓN, DISTINCIONES Y DEFINICIONES

La doctrina de la ley natural puede ser encontrada no solo en la Biblia, como sostenemos en este libro, sino también en los escritos de Platón, Aristóteles, Cicerón y los otros estoicos; en San Agustín y la mayoría de los Padres de la Iglesia; y en Tomás de Aquino y la mayoría de los pensadores reformados pre-Kantianos. Arthur F. Holmes sugiere correctamente que las teorías de la ley natural dependen (para ser ciertas) de las teorías metafísicas que las respaldan[1]. Dos formas de teoría de la ley natural, fundamentadas en dos ontologías muy diferentes, han sido populares en la historia del pensamiento moral cristiano: la de los estoicos y la de Aristóteles[2].

El sistema estoico halla el fundamento para las leyes morales solo en la razón, mientras que el sistema aristotélico halla el

---

[1] Arthur F. Holmes, *Ethics: Approaching Moral Decisions* (Downers Grove, IL: InterVarsity Press, 1984), 63.

[2] Holmes, *Ethics*, 62.

fundamento de las leyes morales en la naturaleza misma del ser (i.e., en la naturaleza humana misma). En esta sección, examinaremos los fundamentos filosóficos de lo que consideramos una teoría de la ley natural cristiana y consistente; una que mana de la metafísica aristotélica. Comenzaremos estableciendo algunas definiciones y distinciones.

Luego entraremos en más detalles con respecto a los dos fundamentos metafísicos de la ley natural y, finalmente, consideraremos algunos elementos epistemológicos de la ley natural, los cuales manan de los fundamentos metafísicos. Esperamos mostrar, en primer lugar, que una teoría de la ley natural coherente depende de una posición filosófica particular y, en segundo lugar, que esta posición filosófica, y que la teoría de la ley natural que esta respalda, son defendibles.

Primero debemos proporcionar una definición apropiada de la ley natural. Para hacer esto, debemos entender los diversos elementos involucrados en su definición. En primer lugar, «naturaleza» o «natural» han llegado a significar muchas cosas diferentes. Pueden referirse:

(a) a la manera en que una cosa normalmente actúa (ya sean las actitudes, acciones y reacciones normales de un individuo humano; las acciones normales de alguna cosa creada pero no racional; o incluso las acciones normales de un artefacto o una cosa no sensible [tal como la «naturaleza de pecado»]);

(b) a la personalidad, carácter o identidad de los seres racionales (o cuasi racionales);

(c) al universo creado, incluidos los seres humanos;

(d) al universo creado, excluidos los seres humanos; o

(e) a «aquello que algo es», lo cual no solo determina cómo clasificamos el algo en cuestión, sino que también determina cómo ese algo actúa y se desarrolla con el tiempo (esto algunas veces es llamado «la esencia»). En la teoría de la ley natural, el término «natural» se refiere a aquello que hace que X sea X y no otra cosa que no sea X. Esto frecuentemente ha sido llamado la «naturaleza» de X, la *esencia* de X o la *forma* de X.

Asimismo, el término «ley» admite muchas definiciones. Este puede referirse a una declaración «descriptiva», que nos dice lo que cada X *hará* en ciertas circunstancias. Por ejemplo, hablamos de la ley de la gravedad. Sin embargo, en la teoría de la ley natural, la «ley» se refiere a un dictamen «normativo» que nos dice lo que cada X *debe* hacer en ciertas circunstancias. Observe que, en el caso de una ley descriptiva, estamos describiendo cómo X actúa siempre; pero, en el caso de una ley normativa, estamos describiendo cómo X debe actuar (aunque puede no actuar así). Tomás de Aquino nos proporcionó la siguiente definición de una ley normativa: «La ley es una regla y medida de nuestros actos según la cual uno es inducido a obrar o dejar de obrar»[3].

J. Budziszewski resume bien las observaciones precedentes:

La ley puede ser definida como una ordenanza de la razón, para el bien común, hecha y promulgada por aquel que tiene cuidado de la comunidad. La naturaleza puede ser concebida como un conjunto de cosas con naturalezas particulares, y la naturaleza de una cosa puede ser entendida como el diseño impartido a ella por el Creador; en el lenguaje tradicional, como un propósito implantado en ella por el artista divino, de modo que sea movida hacia un fin determinado. La afirmación de la teoría es que exactamente en estos sentidos, la ley natural es tanto una (1) ley verdadera como una (2)

---

[3] Santo Tomás de Aquino, *Suma teológica*, I-II, q. 90, a. 1, edición dirigida por los regentes de estudios de las provincias dominicas en España (Biblioteca de Autores Cristianos: Madrid, 1964). Todas las citas de la *Summa Theologiae*, a menos que se demuestre lo contrario, serán de esta traducción, y serán referenciadas, siguiendo el método tradicional, como sigue: *ST*, pt..., q..., a...

expresión verdadera de la naturaleza[4].

Entonces, por «ley natural», queremos significar ese orden o gobierno de la conducta humana que está (1) basado en la naturaleza humana creada por Dios, que es (2) conocido por todos los hombres a través de la sola intuición y razón humana (desde sus observaciones de la creación, en general, y desde la naturaleza humana, en particular), independientemente de alguna revelación divina particular proporcionada a través de un portavoz divino; y, por consiguiente, que es (3) normativo para todos los seres humanos. Jacques Maritain parece estar de acuerdo con esta definición al señalar que:

> El concepto genuino de la ley natural es el concepto de una ley que es natural no solo en tanto expresa la normalidad del funcionamiento de la naturaleza humana, sino también en tanto es naturalmente conocida; a saber, conocida a través de la inclinación o a través de la connaturalidad, no a través del conocimiento conceptual y el razonamiento[5].

Observe que Maritain también distingue entre dos aspectos que deben estar involucrados en cualquier teoría genuina de la ley natural: (1) el elemento «metafísico» (las naturalezas inmutables en las que está basada la ley natural), y (2) el elemento «epistemológico» (la manera en que los humanos obtienen el conocimiento de la ley natural).

---

[4] J. Budziszewski, *The Line Through the Heart: Natural Law as Fact, Theory, and Sign of Contradiction* (Wilmington, DE: ISI Books, 2011), 10-11. Véase también Ralph McInerny, «Ethics», en *The Cambridge Companion to Aquinas*, ed. Norman Kretzmann y Eleonore Stump (Cambridge: Cambridge University Press, 2005), 209.

[5] Jacques Maritain, *Natural Law: Reflections on Theory and Practice*, ed. William Sweet (South Bend, IN: St. Augustine's Press, 2001), 20.

A fin de evitar cualquier malinterpretación, será útil distinguir la ley natural de otros tres tipos de leyes que son frecuentemente discutidas en la literatura cristiana: la ley eterna, la ley humana (*jus Gentium*) y la ley positiva. La ley natural no es coextensiva con lo que muchos teólogos cristianos llaman la «ley eterna». La ley eterna es, por decirlo así, ni más ni menos que las ideas en la mente de Dios, de todo lo que existe, aplicadas en la dirección de todas las cosas.

La ley eterna no está sobre Dios; ella no es otra cosa que la esencia divina: el bien último mismo, que es Dios, y hacia el que todas las cosas tienden[6]. Santo Tomás de Aquino argumenta a favor de esta definición, señalando que cada creador tiene la idea de aquello que desea crear, antes de crearlo, y que cada gobernador tiene la idea del orden que desea imponer, antes de crear el orden:

> Ahora bien, Dios es Creador de todas las cosas por Su sabiduría, y respecto de esas cosas guarda una relación semejante a la del artífice respecto de sus artefactos (...) Él es además quien gobierna todos los actos y movimientos de cada una de las criaturas (...) Por consiguiente, la razón de la sabiduría divina, al igual que tiene la condición de arte o de idea ejemplar en cuanto por medio de ella son creadas todas las cosas, así tiene naturaleza de ley en cuanto mueve todas esas cosas a sus propios fines. Y según esto, la ley eterna no es otra cosa que la razón de la sabiduría divina en cuanto principio directivo de todo acto y todo movimiento[7].

Por consiguiente, la ley eterna es la misma mente de Dios, la cual

---

[6] Michael Baur, «Law and Natural Law», en *The Oxford Handbook of Aquinas*, ed. Brian Davies & Eleonore Stump (Oxford: Oxford University Press, 2014), 245–46.
[7] Aquino, *ST*, I-II, q. 93, a. 1.

es aplicada a Su orden y gobierno soberano de la creación[8]. Por lo tanto, debería ser obvio que la ley eterna no es, en un sentido no calificado, la ley natural, ya que (1) el hombre no puede conocer la mente de Dios, ni por intuición, ni por algún proceso de razonamiento; pero el hombre puede conocer la ley natural, y (2) aunque la ley natural tiene su fundamento en la ley eterna, la ley eterna no está basada en las naturalezas creadas, sino que más bien es la mente divina de la que proceden todas las naturalezas creadas. Aunque podemos distinguir entre la ley natural y la ley eterna, debemos mantener, junto con Michael Baur, lo siguiente:

> La ley natural es la ley eterna misma, pero bajo el aspecto de su ser en nosotros (seres racionales) de una manera única y doble: está en nosotros como en seres creados que son gobernados, medidos y dirigidos por medio de ella, pero también está en nosotros como en seres creados (racionales) que gobiernan, miden y dirigen (tanto a nosotros mismos como a otras cosas) por medio de ella[9].

Por definición, la ley eterna es fundamental para la ley natural, así como la mente del inventor es fundamental para el propósito y funcionamiento de su invención. El dominico francés A.G. Sertillanges resume muy bien este punto: «La ley natural es definida como: *una participación en la ley eterna; una impresión de la luz divina en la criatura racional, por la cual es inclinada hacia la acción correcta*; es decir, hacia esa acción que cumple su fin»[10].

---

[8] Richard Hooker parece acordar con nuestra definición de la ley eterna (cf. Hooker, *Divine Law and Human Nature*, 5, 8).

[9] Baur, «Law and Natural Law», 246.

[10] A.G. Sertillanges, *La Philosophie Morale de St. Thomas d'Aquin*, 2.ª ed. (Paris: Éditions Montaigne, 1946), 100. Mi traducción. En francés se lee: «la *loi naturelle* se définit: *une participation de la loi éternelle, une*

La ley natural tampoco puede igualarse a la «ley humana» (por la que la «ley positiva» puede tomarse como sinónimo). Como Jacques Maritain señala, hay dos diferencias importantes entre la ley natural y la ley humana: (1) la ley humana es producida por la aplicación de la razón de principios generales a casos particulares para el bien común; y (2) el autor de la ley humana es el hombre, que decide o descubre qué leyes deben ser instaladas en una sociedad particular para el bien común de los ciudadanos de esa sociedad.[11] Debería ser evidente, entonces, que la ley natural no es la ley humana; sin embargo, la ley natural es fundamental para la ley humana.

Entonces, con estas distinciones en mente, vemos que (1) la ley natural está fundamentada en las naturalezas de los seres creados —específicamente, para nuestros propósitos, los seres humanos—, ya que esas naturalezas fueron creadas por Dios; que (2) la ley natural participa en la ley eterna; que (3) la ley natural debe ser la base de la ley humana; que (4) la ley natural en principio es conocible por los seres humanos; y que (5) la ley natural es normativa para todos los seres humanos.

También es importante señalar que, en primer lugar, la ley natural no es «mecánica» ni es una regla «sin excepción»[12]. En

---

impression de la lumière divine dans la créature raisonnable, par laquelle elle est inclinée à l'action droite, c'est-à-dire à l'action qui peut réaliser sa fin».

[11] Maritain, *Natural Law: Reflections on Theory and Practice*, 48–49.

[12] Gracias a Andrew Fulford por hacer estas distinciones importantes. Él ha señalado que «el error que sugiere que la ley natural no debe tener excepciones a fin de ser real, es algunas veces implicado no por aquellos que aceptan la idea, sino por aquellos que la rechazan. Un ejemplo de esto se ve en el trabajo de Christine Gudorf *The Erosion of Sexual Dimorphism*, donde ella argumenta que los descubrimientos contemporáneos de numerosas variaciones en género, sexo y sexualidad implican que el dimorfismo ha sido refutado por la ciencia». Cf. «The Erosion of Sexual Dimorphism», *Journal of the American Academy of Religion* 69, n.º 4 (dic., 2001): 867.

segundo lugar, decir que hay una ley natural que es conocida incluso por los seres humanos no regenerados no es decir, como algunos teólogos han afirmado erróneamente, que los humanos son autónomos o independientes de Dios. Por ejemplo, Van Til famosamente argumenta que una de las caracterizaciones primarias de la persona no regenerada es que se ve a sí misma como autónoma[13]. Para Van Til, ser autónomo significa, en parte al menos, que el hombre no necesita revelación. Por ejemplo, él declara que «la revelación de un Dios autosuficiente no puede tener significado para una mente que se ve a sí misma como finalmente autónoma»[14]. En el siguiente párrafo, escribe:

> Si el hombre es autónomo en algún sentido, entonces no necesita la revelación. Si se dice que él posee la verdad, la posee como el producto de los poderes legislativos últimos de su intelecto. Es solo si puede controlar virtualmente por medio de la aplicación de la ley de no contradicción todos los hechos de la realidad que lo rodean, que puede conocer alguna verdad. Y, por consiguiente, si conoce alguna verdad de esta manera, él, en efecto, conoce toda la verdad[15].

Pero, dice Van Til, describiendo la aproximación de Aquino a las verdades naturalmente conocidas:

> Siguiendo el método de razonamiento de Aristóteles, Tomás de Aquino argumenta que el hombre natural puede, por el uso ordinario de su razón, hacer justicia a la revelación natural que lo rodea (…) el hombre natural ya posee la verdad. Ciertamente, se dice que posee la verdad solo en relación con la revelación

---

¹³ Cf. Van Til, *Christian Apologetics*, 79.
¹⁴ Van Til, *Defense*, 112.
¹⁵ Van Til, *Defense*, 112.

natural[16].

Luego Van Til continúa diciendo que, si el hombre conoce la verdad naturalmente, entonces es autónomo y no necesita la revelación divina[17]. Se sigue que, para Van Til, la teoría de la ley natural está basada en la noción de la autonomía: que el hombre en última instancia es autónomo y no necesita a Dios.

Sin embargo, como incluso un estudio somero de las obras de Aquino mostrará, aquellos que tienen un lugar para la ley natural dentro de la teología cristiana clásica son también defensores ardientes de la dependencia absoluta del hombre de Dios, no solo para el conocimiento de la naturaleza humana y la existencia de los seres humanos individuales, sino también para la salvación de la humanidad.

Lo que hemos visto hasta ahora nos lleva a distinguir tres aspectos importantes de la ley natural, de los cuales dos son fundamentales: (1) el fundamento divino de la ley natural, (2) el fundamento metafísico de la ley natural y (3) los aspectos epistemológicos de la ley natural. De aquí en adelante nos adentraremos en la exploración de estos tres aspectos.

---

16 Van Til, *Christian Apologetics*, 111.
17 Van Til, *Christian Apologetics*, 111–12.

UNA BREVE INTRODUCCIÓN Y UNA
DEFENSA BÍBLICA

CAPÍTULO 2: EL FUNDAMENTO DIVINO DE LA LEY NATURAL

Dios y la Ley Natural

Hugo Grocio es conocido por ser el padre de lo que se convertiría en la teoría moderna de la ley natural[1]. Desafortunadamente, también es conocido por haber postulado que incluso si Dios no existiese, la ley natural existiría[2]. Al considerar el fundamento divino de la ley natural, argumentaremos lo contrario. Debe

---

[1] Cf. Steven Forde, «Hugo Grotius on Ethics and War», *American Political Science Review* 92, n.º 3 (Sept., 1998): 639-640. William Rattigan, «Hugo Grotius», *Journal of the Society of Comparative Legislation* 6, n.º 1 (1905): 78.

[2] Hugo Grocio, *Del derecho de la guerra y de la paz*, trad. y ed. Jaime Torrubiano Ripoll (Editorial Reus: Madrid, 1925), 12-13. Grocio famosamente dijo: «Y ciertamente estas cosas, que llevamos dichas, tendrían algún lugar, aunque concediésemos, lo que no se puede hacer sin gran delito, que no hay Dios, o que no se cuida de las cosas humanas». Cf. Maritain, *Natural Law*, 46. Carl F. H. Henry, «Natural Law and a Nihilistic Culture«, *First Things* (enero de 1995), www.firstthings.com/article/1995/01/natural-law-and-a-nihilistic-culture (ingresado el 19-08-2017).

señalarse, tanto para introducir esta sección como para hacer justicia al pensamiento de Grocio, que él también afirmó que la ley natural presupone esencialmente la existencia de Dios y que esta tiene su fundamento último en Dios, quien hizo la naturaleza humana de esta manera.[3] El primer fundamento metafísico de la ley natural, como Grocio casi a regañadientes admitió, es Dios mismo. Nosotros proponemos *contra* Grocio que, si Dios no existiese, la ley natural tampoco existiría. Aquí consideraremos lo que significa decir que Dios es el fundamento de la ley natural.

La noción de una «ley» normativa, como se propone en la teoría de la ley natural, implica no menos que: (1) un estándar racional que es impuesto, y (2) un ser que impone esa ley y, por consiguiente, un ser racional y poderoso. Una ley que fuese irracional y se impusiese, produciría justamente tanto crítica como rebelión. Una ley que fuese racional pero que no se impusiese, sería inútil y solo ridiculizaría al legislador. Por ejemplo, considere crear la siguiente regla para el fútbol: un jugador debe «detenerse, hacerse caer y rodar» cada vez que él o ella reciba o intercepte un pase.

Esta regla inmediatamente encendería la ira de todos los jugadores de fútbol y los llevaría a rebelarse justamente contra el legislador por hacer que este deporte sea imposible de jugar. Por otro lado, es completamente racional imponer límites de velocidad

---

[3] Grocio argumenta que la ley natural está fundamentada en la naturaleza humana, tal como fue hecha por Dios (Cf. Forde, «Hugo Grotius», 640). En la obra de Grocio *Del derecho de la guerra y de la paz*, se lee: «Y esta es ya otra fuente del derecho, más de la natural, proveniente, sin duda, de la libre voluntad de Dios, al cual nos dicta nuestro misino entendimiento irrefragablemente que le debemos estar sujetos. Pero aun el mismo derecho natural de que hemos tratado, ya el social, ya el que se llama así más ampliamente, aunque nace de los principios internos del hombre, con todo puede en justicia atribuirse a Dios, porque él quiso que existieran en nosotros tales principios» (Grocio, *Del derecho de la guerra y de la paz*, 13).

en las autopistas y calles de la ciudad; sin embargo, debido a que esta ley rara vez es impuesta, una ley tácita —según la cual se puede pasar el límite— fue gradualmente aceptada, y por ella se volvió permisible manejar más rápido que lo que el límite permite, y ridiculizar o despreciar a aquellos que no lo hacen así. Por lo tanto, la noción misma de una ley normativa necesita un legislador racional que sea capaz de imponer la ley.[4]

Ahora bien, como se afirmó antes, se dice que la ley natural es un orden o gobierno de la conducta humana que está basado en la naturaleza humana divinamente creada, y que es normativo para todos los seres humanos. Por definición, entonces, la ley natural asume la existencia de un ser superior que es (1) el creador de la naturaleza humana, o, al menos, el gobernador de todos los seres humanos; (2) el autor racional de la ley (natural) que aplica a todos los seres humanos; y (3) el poderoso ejecutor de esta ley.

En otras palabras, si hay una ley natural, entonces hay un Ser que es superior a los seres humanos, el cual es racional y lo suficientemente poderoso para ejecutar el estándar que Él ha impuesto sobre los seres que gobierna. Antes de preguntar si ese Ser existe, debe señalarse que la relación recientemente afirmada no corre en ambos sentidos. Es decir, la existencia de Dios no implica la existencia de la ley natural. Es cierto que la existencia de Dios implica la ley eterna, pero a fin de que exista la ley natural, debe haber más que solo Dios.

En primer lugar, a fin de que exista la ley natural, debe haber una creación. Si hay un Dios, pero no hay un universo creado,

---

4 Richard Hooker parece estar de acuerdo con esta afirmación. El afirma, por ejemplo, que «casi todo opera conforme a una ley sujeta a algún superior, que es el autor de ella; solo las obras y operaciones de Dios lo tienen a Él como su obrador y su ley. El ser mismo de Dios es un tipo de ley para su obrar; porque la perfección que Dios es, da perfección a lo que Dios hace» (Hooker, *Divine Law and Human Nature*, 4–5).

entonces ciertamente hay una ley eterna; pero el concepto de la ley natural no tendría otro referente además de la naturaleza divina y, por consiguiente, la ley natural sería coextensiva con (y, por lo tanto, idéntica con) la ley eterna. No habría ley natural si no hubiese criaturas.

Ni siquiera la existencia de un universo creado necesariamente nos provee la ley natural. De hecho, si hubiese un ser divino y un universo creado, pero no hubiese naturalezas o esencias inmutables, entonces no habría ley natural. Se podría, por ejemplo, sostener una forma de nominalismo metafísico, sugiriendo así que no hay naturalezas o esencias creadas.[5] Si no hay naturalezas o esencias creadas, entonces no puede haber ley natural, o al menos no como la hemos definido.

La única teoría posible para una metafísica nominalista es una forma de teoría del mandato divino; es decir, si la metafísica

---

[5] El nominalismo (en todas sus variantes) es antiesencialista; este niega la existencia de esencias reales y universales. A menudo el nominalismo es principalmente relacionado (aunque no sin debate) con Guillermo de Ockham, quien ciertamente presentó una de las defensas más fuertes del nominalismo en la Edad Media tardía y quien a menudo es visto como el padre del nominalismo moderno. Otros, como Philotheus Bohner y Marilyn McCord-Adams, parecen argumentar que Ockham es más un realista que otra cosa; cf. Philotheus Bohner, «The Realistic Conceptualism of William Ockham», *Traditio* 4 (1946): 307–35; Marilyn McCord-Adams, «Ockham's Nominalism and Unreal Entities», *The Philosophical Review* 86, n.º 2 (abril 1977): 152. Parece mejor sostener que Ockham fue un nominalista, siguiendo a Alain De Libera, un nominalista y estudioso de Ockham, quien señala que si el realismo puede ser definido tan ambiguamente como para hacer a Ockham un realista, entonces realmente no tenemos una definición precisa de qué califica como realismo. Cf. Alain De Libera, «Question de réalisme. Sur deux arguments anti-ockhamistes de John Sharpe«, *Revue de Métaphysique et de Morale* 97e Année, No. 1, Les Universaux (Janvier-mars 1992): 85. Afirmar que Ockham era un realista simplemente desdibuja las líneas entre el realismo y el nominalismo (y la forma particular de nominalismo de Ockham frecuentemente llamado conceptualismo).

nominalista es verdadera, entonces solo puede haber mandato divino, y no ley natural (ya que no hay naturalezas en las que basar la ley natural, o a las cuales aplicarla)[6]. Basta decir que, como mínimo, si hay un creador divino (lo cual implica creación), entonces también hay una ley divinamente impuesta de algún tipo. Pero ¿hay un creador divino?

Peter Kreeft, en su libro *Making Sense out of Suffering* (Encontrando el sentido al Sufrimiento), declara lo siguiente:

> Puede que haya un argumento muy bueno contra Dios —el mal— pero hay muchos y mejores argumentos a favor de Dios. De hecho, hay al menos quince argumentos diferentes a favor de Dios (…) Los ateos deben responder quince argumentos; los teístas solo uno[7].

Pero, dice Kreeft: «La existencia misma del mal prueba la existencia de Dios»[8]. Kreeft pasa a mostrar, basado en la existencia misma del mal en el universo, la existencia del mal moral o espiritual, y basado en la idea misma del mal, que Dios existe[9]. A estos argumentos podemos añadir las cinco vías de

---

[6] En su capítulo sobre la explosión nominalista de la Edad Media tardía, Servais Pinckaers señala que la ley natural tuvo que ser reinterpretada a la luz del rechazo del realismo: »Ockham sostuvo la existencia de la ley natural (ya que esto lo recibió de la tradición escolástica), pero él la reinterpretó para que encajase en su propio sistema. Para él, la ley natural ya no se basa en la naturaleza humana y sus inclinaciones, lo cual la razón podría revelar. Más bien consiste en la autoridad de la correcta razón que presenta directamente a la voluntad humana las órdenes y obligaciones que emanan de la voluntad divina, sin que haya necesidad de justificarlas, ya que la justificación de la ley solo puede encontrarse en la voluntad divina misma». Cf. *The Sources of Christian Ethics*, 3.ª ed., trad. Mary Thomas Noble (Washington, D.C: CUA Press, 1995), 248–49.

[7] Peter Kreeft, *Making Sense out of Suffering* (Ann Arbor, MI: Servant Books, 1986), 30.

[8] Kreeft, *Making Sense*, 30.

[9] Kreeft, *Making Sense*, 31.

Tomás de Aquino que, comenzando con el cambio, la causalidad eficiente, los seres contingentes, los grados de bondad y justicia, y las tendencias obvias, en seres irracionales y no volitivos, de perseguir siempre los mismos fines, pueden ser usadas para demostrar la existencia de un Dios creador que es la causa inmutable de todo cambio; la primera causa eficiente de la que mana toda causalidad; un ser que es necesario por su naturaleza misma, bondad autosubsistente, verdad, justicia, etc.; y, finalmente, que este mismo Dios es el Creador inteligente que gobierna toda la creación, dirigiendo cada ser hacia su propio fin. Por lo tanto, que este universo fue creado por Dios es evidente.

Aunque no es necesario desarrollar cada uno de estos argumentos, puede ser suficiente bosquejar brevemente un argumento que puede hallar sus raíces en el discurso de Pablo en Listra, donde él dice:

> Varones, ¿por qué hacéis esto? Nosotros también somos hombres semejantes a vosotros, que os anunciamos que de estas vanidades os convirtáis al Dios vivo, que hizo el cielo y la tierra, el mar, y todo lo que en ellos hay. En las edades pasadas él ha dejado a todas las gentes andar en sus propios caminos; si bien no se dejó a sí mismo sin testimonio, haciendo bien, dándonos lluvias del cielo y tiempos fructíferos, llenando de sustento y de alegría nuestros corazones (Hechos 14:15-17).

Estos versículos han sido tradicionalmente entendidos como un respaldo de la noción de que el hombre puede conocer el gobierno providencial de Dios de este mundo a través de sus observaciones del mundo natural.

Muchos teólogos importantes a lo largo de la historia de la Iglesia han propuesto este tipo de argumento. Gregorio de Nisa, hablando del incrédulo, en su *Gran catequesis*, dice lo siguiente:

> Siempre que se discuta con algún pagano, lo bueno sería comenzar así el discurso: ¿Cree que Dios existe, o comparte la opinión de los ateos? Porque, si niega que existe, partiendo entonces de la ingeniosa y sabia disposición del universo, se le irá llevando por ese medio hasta reconocer presente en ella una fuerza que se manifiesta y que es superior al universo[10].

Su amigo cercano, Gregorio Nacianceno, presenta el mismo argumento en su tratado *Los cinco discursos teológicos*, donde dice: «Nuestros ojos y la ley de la naturaleza nos enseñan que Dios existe, y que Él es tanto la causa creativa de todas las cosas como la causa que mantiene todas las cosas en armonía»[11]. En la Institución, Juan Calvino dice:

> Puesto que la felicidad y bienaventuranza consiste en conocer a Dios, Él, a fin de que ninguno errase el camino por donde ir hacia esta felicidad, no solamente plantó la semilla de la religión de que hemos hablado en el corazón de los hombres, sino que de tal manera se ha manifestado en esta admirable obra del mundo y cada día se manifiesta y declara, que no se puede abrir los ojos sin verse forzado a verlo[12].

Más adelante continúa y dice:

> Aquí solamente he querido notar que éste es el camino por donde todos, así fieles como infieles, deben buscar a Dios, a saber, siguiendo las huellas que, así arriba como abajo, nos retratan a lo

---

10 San Gregorio de Nisa, *La Gran Catequesis*, trad. Argimiro Velasco (Ciudad Nueva: Madrid, 1994), prólogo, 4.

11 Gregory of Nazianzus, *On Theology*, en *Five Theologial Orations*, trad. Stephen Reynolds (Estate of Stephen Reynolds, 2011), 18.

12 Juan Calvino, *Institución de la Religión Cristiana*, nueva edición revisada (FELIR: Países Bajos, 1967), I, V, 1.

vivo su imagen.[13]

Estas perfecciones son evidentes cuando consideramos las cosas que Dios ha hecho, donde observamos, según Calvino, el poder, la eternidad, la autoexistencia, la bondad, la providencia, la sabiduría y la majestad de Dios.[14] Aunque Calvino no plantea un argumento, él concede que hay argumentos y dirige al lector a aquellos académicos que los han ofrecido:

> Infinitas son las pruebas, así en el cielo como en la tierra, que nos testifican su admirable sabiduría y poder. No me refiero solamente a los secretos de la naturaleza que requieren particular estudio, como son la astrología, la medicina y toda la ciencia de las cosas naturales; me refiero también a los que son tan notorios y palpables, que el más inculto y rudo de los hombres los ve y los entiende, de suerte que es imposible abrir los ojos sin ser testigo de ellos.[15]

Estas pruebas son tan abundantes y evidentes a todos los hombres (regenerados y no regenerados por igual), que Calvino declara:

> De donde deducimos que es éste el mejor medio y el más eficaz que podemos tener para conocer a Dios (...) contemplar a Dios en sus obras, por las cuales se nos aproxima y hace más familiar y en cierta manera se nos comunica.[16]

Quizás el resumen más claro de este tipo de argumento puede encontrarse en la *Summa Theologiae*, donde Tomás de Aquino, en su «quinta vía» de demostración de la existencia de Dios,

---

[13] Calvino, *Institución*, I, V, 7.
[14] Calvino, *Institución*, I, V, 10-11.
[15] Calvino, *Institución*, I, V, 2.
[16] Calvino, *Institución*, I, V, 10.

argumenta lo siguiente:

> Pues vemos que hay cosas que no tienen conocimiento, como son los cuerpos naturales, y que obran por un fin (…) Las cosas que no tienen conocimiento no tienden al fin sin ser dirigidas por alguien con conocimiento e inteligencia, como la flecha por el arquero. Por lo tanto, hay alguien por el que todas las cosas son dirigidas al fin. Le llamamos Dios.[17]

Este argumento, que es bastante simple, simplemente señala que observamos cosas en el mundo natural que siempre tienden hacia el mismo fin: las orejas tienden a recibir sonido, los ojos tienden a recibir la luz, los animales tienden a la comida fácilmente obtenida, etc. Pero, estas cosas no son seres inteligentes. Estas no eligen sus objetivos, sino que aparentemente actúan sin una elección inteligente. Pero, cuando observamos algo que siempre tiende al mismo objetivo sin una elección inteligente, atribuimos este movimiento consistente a alguna inteligencia guiadora.

La inteligencia guiadora del mundo, ese ser que providencialmente gobierna todos los seres naturales, de modo que consistentemente persigan sus fines naturales, es lo que llamamos Dios. El gobierno providencial del mundo demuestra que existe un Creador divino. Por lo tanto, se sigue que hay algún tipo de estándar que este Creador sostiene sobre Su creación. En otras palabras: Dios, por lo tanto, ley.

Implicaciones de la Creación Divina

Antes de pasar al segundo fundamento metafísico que es necesario para la ley natural, debemos preguntarnos cómo Dios creó el

---

[17] Aquino, *ST* I, q.2, a.3, *Respondeo*.

universo. De hecho, esto puede proporcionar una pista de qué tipo de ley esperamos encontrar. Proponemos que parte de la respuesta a esta pregunta puede encontrarse en la respuesta de Aquino a la pregunta de «si la ciencia de Dios es causa de las cosas», donde él declara:

> La ciencia de Dios es la causa de las cosas. Pues la ciencia de Dios es a las cosas creadas lo que la ciencia del artista a su obra. La ciencia del artista es causa de sus obras (…) el artista realiza su obra porque le guía su pensamiento[18].

Ahora bien, esto parece elemental: si Dios es el creador de todo, entonces es obvio que Su conocimiento divino causa la creación. Sin embargo, esto revela algo crucial sobre la creación y su relación con Dios.

Cuando un carpintero construye una mesa, está haciendo en una escala pequeña lo que Dios hizo en una escala universal. Es decir, el carpintero comienza con una idea de cómo lucirá el producto final, y luego, a través del proceso de construcción, lleva a cabo esa idea. De la misma manera, el universo creado fue el producto físico de las ideas divinas; Dios «comenzó» con una idea de cómo luciría el producto final, y la llevó (y la está llevando) a cabo. Aquino señala que «como nos consta por Agustín, las ideas son razones existentes en la mente divina. Pero Dios tiene razones propias de todo lo que conoce. Luego tiene idea de todo lo que conoce»[19].

Aquino luego declara:

> El doble carácter de las ideas establecido por Platón, esto es, como

---

18 Aquino, *ST*, 1, q. 14, a. 8, *Respondeo*.
19 Aquino, *ST*, 1, q. 15, a.3, *Sed contra*.

principio de conocimiento y generación de las cosas, hay que situarlo en la mente divina. En cuanto principio efectivo, puede ser llamado *ejemplar*; y pertenece al conocimiento práctico. En cuanto principio cognoscitivo, propiamente se llama *razón*; y también puede pertenecer al conocimiento especulativo».[20]

La causa ejemplar es el estándar al que cada criatura se ajusta, y por el que es medida. Así como el carpintero juzga su mesa terminada de acuerdo con la idea de la mesa que había concebido en su mente.

Proponemos, entonces, que Dios es el primer fundamento de la ley natural, y esto de una doble manera:

(1) en primer lugar, como el creador de todo; nada llegó a existir sin ser causado por Dios. Por consiguiente, Dios es el creador del hombre y ha establecido un estándar moral sobre el hombre.

(2) En segundo lugar, como el creador de todo; la idea de cada ser y cosa se encuentra, tal como están destinadas a ser, en la mente de Dios (como causas ejemplares de las cosas que existen). Esto nos prepara y nos lleva al fundamento metafísico de la ley natural.

---

[20] Aquino, *ST*, 1, q. 15, a.3, *Respondeo*.

CAPÍTULO 3: EL FUNDAMENTO METAFÍSICO DE LA LEY NATURAL

El fundamento divino de la ley natural nos lleva a una conclusión interesante: la mente divina «contiene» (o es) las ideas de todos los seres creados —lo que llamamos causas ejemplares— de la misma manera en que la mente del carpintero contiene la idea de la mesa terminada antes de comenzar su trabajo. Estas causas ejemplares son lo que Platón y Agustín llamaron las «ideas» o «formas» eternas, y lo que Aquino llamó, como ya hemos visto, los ejemplares de todos los seres creados. Esto nos provee una gran introducción para el segundo fundamento metafísico de la ley natural: la combinación de un realismo metafísico y epistemológico que llamaremos «realismo moderado».

Decir que el realismo moderado es el fundamento de la ley natural es decir que la ley natural se basa en dos principios: (1) las esencias creadas existen, y (2) las esencias pueden ser conocidas. Como señalamos antes, si no hay esencias eternas, entonces no hay ley «natural»; puede que haya una ley, pero no natural (i.e., basada en las esencias creadas). En esta sección, en primer lugar, intentaremos mostrar cómo llegamos a la conclusión de que hay esencias creadas (es decir, intentaremos motivar al lector a aceptar la existencia de las esencias) y, en segundo lugar, mostraremos cómo la existencia de las esencias creadas necesita la ley natural.

Las Naturalezas Creadas

Hay muchas razones para aceptar la existencia de las esencias. En primer lugar, las ciencias naturales, tanto en la manera que llevan a cabo sus investigaciones como en los descubrimientos que hacen, asumen la existencia de las esencias[21]. Además, en el diálogo filosófico parece imposible negar la existencia de las esencias, sin tener que usar un lenguaje extremadamente obtuso y desvinculado de la realidad, o sin afirmar que, aunque hablamos como si hubiera esencias reales, nuestro lenguaje nos traiciona[22]. De hecho, Platón parece afirmar que si negamos la existencia de las esencias —las formas—, entonces, al mismo tiempo, hemos negado la posibilidad de dialogar y filosofar.[23] Así que, ¡todas las filosofías antiesencialistas terminan siendo filosofías antifilosóficas! En lo que sigue, intentaremos proporcionar una idea de cómo se llega a reconocer la existencia de las esencias; podría llamarse una fenomenología del conocimiento humano de las esencias.

Cuando miramos a nuestro alrededor nos impresiona la gran

---

[21] Cf. Edward Feser, *Scholastic Metaphysics: A Contemporary Introduction* (Germany: Editionses Scholasticae, 2014), 213–15.

[22] Cf. Feser, *Scholastic Metaphysics*, 215. Oderberg, *Real Essentialism* (New York: Routledge, 2007), 38–43.

[23] Platón, *Parmenides*, trad. Mary Louise Gill y Paul Ryan (Indianapolis, IN: Hackett, 1996), 138 [135b-c].

variedad de cosas existentes: carros, casas, árboles, perros, gatos, humanos, montañas y valles. Nos impresiona menos (quizás erróneamente) el hecho de que haya muchas cosas del mismo «tipo», y que podamos hablar de esas cosas en términos generales. Cada una de estas palabras identifican grupos enteros de entidades que, aunque distintos, se parecen lo suficiente como para agruparlos en tipos o especies.

Desde la concepción hasta la muerte, constantemente encontramos seres de diferentes tipos. Como niños, tocábamos todo lo que podíamos, llevábamos todo a nuestra boca y realizábamos juegos donde distinguíamos cosas. Al hacer esto, distinguíamos entre los diferentes tipos de seres, y los clasificábamos según su forma, color, sabor, sonido, etc. Interactuábamos con cosas que se movían cuando las tocábamos; con cosas que solo se movían cuando hacíamos que se moviesen; y con cosas que nos movían (la cama, el auto, etc.). Al crecer, comenzamos a clasificar estas cosas de forma diferente. Nos dimos cuenta de que hay una diferencia entre un perro de juguete y un perro de mascota; entre la flor y la rana; entre el gato y nuestros hermanos. Podemos distinguir entre lo animado, lo inanimado y lo humano.

Al crecer aún más, comenzamos a hacer preguntas sobre las cosas que hemos conocido por nuestros sentidos. Ya estamos conscientes de las diferencias, pero queremos saber cómo llamamos a estas cosas y qué son. Quizá sorprendentemente, estas preguntas pueden ser respondidas de diferentes maneras. La manera más obvia, la cual es usada por los padres para ayudar a los niños a distinguir entre las cosas, es la lingüística. Se nos enseñan palabras que significan o señalan cosas de cierto tipo (i.e., gato, perro, caballo). Los padres hacen esto con sus hijos cuando leen libros que tienen imágenes de diferentes animales, formas y colores. Pero hay más.

Si veo una casa y pregunto qué es, usted podría responder dándome una lista de los materiales usados en la construcción: madera, piedra, cemento, metal, etc. Aunque esta respuesta es verdadera y exacta, usualmente no es la respuesta que buscamos cuando preguntamos qué es esto o aquello. Usted también podría responder señalando que es la creación de un arquitecto muy conocido. Esta respuesta, aunque verdadera y exacta, tampoco es la respuesta que usualmente esperamos. Usted también podría responder dándome el tipo de respuesta que usualmente esperamos; es decir, el nombre, que es una manera rápida de designar su definición («es una casa»), o la razón de su existencia («es un refugio»). Observe que estas distintas respuestas (las cuales todas son verdaderas y exactas) siguen lo que Aristóteles y Aquino dicen cuando se refieren a las causas materiales, eficientes, formales y finales de una cosa[24].

Nuestra observación de estas causas, especialmente de la causa formal, nos da lo que llamamos la esencia o naturaleza de la cosa[25]. Tomás de Aquino, en su corto tratado *De Ente et Essentia*, declara que, en primer lugar, «es necesario que la esencia signifique algo común a todas las naturalezas, mediante las cuales

---

[24] La causa material se refiere a aquello de lo que está hecho o compuesto una cosa. La causa eficiente se refiere al agente o evento próximo que ocasionó la cosa en cuestión. La causa formal se refiere a la naturaleza o esencia de la cosa. La causa final se refiere a la «raison d'être» de la cosa; aquello para lo que la cosa existe.

[25] Se ha intentado muchas veces refutar la existencia de las naturalezas. Por razones de espacio no podemos considerar estos intentos. Para ver las respuestas a la mayoría de los argumentos antiesencialistas, referimos al lector a David S. Oderberg, *Real Essentialism*; Henry Veatch, *Realism and Nominalism Revisited* (Milwaukee, WI: Marquette University Press, 1954); Étienne Gilson, *Being and Some Philosophers*, 2.ª ed. (Toronto, ON: Pontifical Institute of Mediaeval Studies, 1952); y Edward Feser, *Scholastic Metaphysics*, 211–16.

los diversos entes son colocados en los diversos géneros y en las diversas especies»[26]. La «naturaleza», entonces, en relación con la sustancia[27], «significa la esencia de la cosa en cuanto que está ordenada a la propia operación de la cosa, puesto que ninguna cosa carece de operación propia»[28].

Etienne Gilson añade a esto que «sabemos, por supuesto, que en el sentido aristotélico, la "naturaleza" es la fuente interna y directa de la actividad y operación de cualquier ser»[29]. Vemos, entonces, que la naturaleza de una cosa será su causa formal. También es importante señalar que la causa final y la causa formal de una cosa están tan íntimamente relacionadas que la causa formal de una cosa siempre parece ser concebida en términos de la causa final de esa cosa (su fin o propósito). Se sigue, entonces, que la naturaleza de una cosa parece incluir su causa final. Como señalamos antes, la causa formal de una cosa es la definición propia de la cosa, y la definición de la cosa resalta aquello que más distingue a esa cosa de todo lo demás.

Una Breve Digresión Epistemológica

Antes de continuar deben aclararse tres puntos si es que vamos a evitar posibles malentendidos. En primer lugar, cuando por

---

[26] Santo Tomás de Aquino, *Del ente y de la* esencia, trad. Mons. Luis Lituma P. y Alberto Wagner de Reyna (Losada: Barcelona, 2007), pág. 10.

[27] Es importante señalar aquí que la palabra «sustancia» usada por Aquino, se refiere al término de Aristóteles οὐσίας (pronunciado *ousias*), que, para Aristóteles, se refiere principalmente a una esencia existente (no a alguna subestructura incognoscible, o a alguna idea en la mente, sino a la esencia existente instanciada que es observable por los sentidos).

[28] Aquino, *Del ente y de la esencia*, pág. 10.

[29] Etienne Gilson, *Moral Values and the Moral Life: The Ethical Theory of St. Thomas Aquinas*, trad. Leo Richard Ward (Hamden, CT: The Shoe String Press, 1961), 55.

primera vez nos topamos con una invención humana, a menudo somos capaces de descubrir de qué está hecha (causa material) y quién la hizo (causa eficiente), pero, lo que a menudo nos asombra, es por qué el inventor lo hizo; es decir, ¿para qué es? (causa final). Algunas veces tratamos de descubrir su propósito basados en su causalidad material, o basados en algún aspecto de la invención (como su forma, color o partes). Pero no sabemos «lo que es» hasta que descubrimos «para qué es». Podemos descubrir para qué es la invención por medio de una de las siguientes maneras: (1) descubriendo, por experiencia, lo que «hace»; es decir, cuál es la actividad o el efecto primario de la invención[30]; o (2) preguntando al inventor.

Esto puede aplicarse de la misma manera a los seres creados. Para descubrir qué es un ser humano, necesitamos preguntar sobre el propósito de los seres humanos. Para descubrir su propósito, podemos descubrir por experiencia la actividad primaria de los seres humanos, o podemos preguntar al creador. Observe que aquello con lo que «nombramos» la invención (la palabra o la frase corta con la que nos referimos a la invención) no nos informa qué es (su «naturaleza»). Más bien, típicamente el nombre se le da a la invención por lo que es. El lenguaje humano es lógicamente posterior a las naturalezas creadas y nuestro conocimiento de ellas.

En segundo lugar, no necesitamos saber todo acerca de la invención para saber qué es la invención. Típicamente, solo necesitamos saber «para qué es» a fin de saber «qué es». Por

---

[30] Digo «actividad o efecto primario» en distinción de los efectos secundarios o terciarios. Por ejemplo, muchas medicinas a menudo tienen un efecto primario (previniendo alguna enfermedad), pero también causan muchos efectos secundarios (como vómito, garganta seca, depresión, etc.). Descubrir los efectos o las actividades secundarias de algo no le dirá para qué es esa cosa. Solo el efecto o la actividad primaria de la cosa puede decirle para qué es esa cosa.

ejemplo, cuando descubrimos que se ha construido una máquina con el propósito de preservar la comida eliminando el calor, descubrimos la naturaleza de la máquina (y la llamamos un refrigerador). Saber el propósito de la invención es suficiente para entender su naturaleza. No necesitamos saber cómo funciona, o cómo cada parte encaja en la operación de la máquina, etc.

Esta información puede ser interesante, y por la ingeniería inversa podemos asombrarnos ante el ingenio del inventor, pero esta información extra no es necesaria para conocer la naturaleza de la invención. David Oderberg, en *Real Essentialism*, señala que, en relación con el oro:

> La explicación última, para el esencialista, de por qué el oro se comporta así, *no* es que está en clasificaciones aún más generales y en consecuencia es susceptible de una explicación por teorías en esos niveles mayores, sino que está en la caracterización «más específica» posible para éste. En otras palabras, la explicación última no es una explicación en términos de lo más general, sino precisamente lo opuesto: una explicación en términos de lo más específico. La caracterización más específica es lo que distingue al oro de todo lo demás en el universo y, en consecuencia, explica los distintivos que le dan su identidad particular en el esquema de la realidad[31].

Así, con los humanos, por ejemplo, no necesitamos saber todo sobre sus operaciones internas para poder llegar a un entendimiento de la naturaleza humana. Simplemente necesitamos basarnos en aquello que distingue a los humanos de todo lo demás de su tipo.

En tercer lugar, independientemente de que se piense, como Maritain, que el conocimiento humano de la ley natural es un

---

[31] David S. Oderberg, *Real Essentialism* (New York: Routledge, 2007), 34.

conocimiento connatural[32], o que se piense que llegamos al conocimiento de las verdades de la ley natural a través de un razonamiento ilativo, es obvio que la mayoría de los seres humanos no parecen concluir racionalmente cada ley moral específica. Puede que tengan luz en algunas leyes morales muy generales, como C. S. Lewis fácilmente muestra en *La abolición del hombre*[33], pero a la mayoría de los humanos se les dificulta conocer el bien en situaciones específicas y obedecer incluso esos principios morales generales que conocen.

Podemos decir, entonces, basándonos en la declaración de Aquino sobre la necesidad de la revelación divina en relación con el conocimiento humano de Dios, que en lo que respecta incluso esas verdades que el hombre puede conocer sobre lo que es moralmente bueno:

> Fue necesario que los hombres fueran instruidos, acerca de lo divino, por revelación divina. Por todo ello se deduce la necesidad de que, además de las materias filosóficas, resultado de la razón, hubiera una doctrina sagrada, resultado de la revelación[34].

Así que, la Palabra de Dios revela incluso esas verdades sobre la moralidad humana que pueden ser conocidas naturalmente; es decir, que están basadas en la naturaleza humana misma[35].

---

[32] El conocimiento connatural es esencialmente el conocimiento por intuición o afección. Es ese conocimiento que el hombre parece tener sin haber pensado conscientemente sobre el sujeto en cuestión

[33] C. S. Lewis, *La abolición del hombre* (Vórtice: Buenos Aires, 2014). Véase, específicamente, el apéndice: ejemplos del Tao.

[34] Aquino, *ST* I, q. 1, a.1, *Respondeo*.

[35] Observe que Grocio está de acuerdo con este punto, ya que dice, en *Del derecho de la guerra y de la paz*: «Añádase que Dios hizo también más claros esos principios, con las leyes dictadas, aun para aquellos que tienen menos fuerza de entendimiento para discurrir». Cf. *Del derecho de la guerra,*

Esto nos lleva a hacer la pregunta: ¿qué son los seres humanos?

De las Esencias Creadas a la Ley Natural

¿Qué son los seres humanos?

Aquino señala que «aquello por lo cual una cosa se constituye en su propio género o especie es lo que se significa por la definición, la cual indica lo que es la cosa».[36] La definición de ser humano, entonces, es un animal (género) que es racional (diferencia específica). Los seres humanos son animales porque son seres animados y biológicos, que contienen dentro de sí la fuente de su propio movimiento, y que son capaces de interactuar sensorialmente con su ambiente. Los seres humanos son humanos —distintos a los demás animales— porque son racionales.

Por supuesto, muchos otros distintivos podrían proponerse: el hombre es un ser social, creado a imagen de Dios, capaz de amar sacrificialmente, capaz de comunicarse a través del lenguaje, capaz de reír, etc. Pero ninguno de estos es un distintivo tan consistente como la racionalidad.

En primer lugar, observe que algunos de estos son verdaderos no solo de los humanos. Por ejemplo, podría decirse que aquellos animales que viven en manadas o grupos son «sociales», tales como los lobos, los leones, las abejas, las hormigas, etc. El ser creado a imagen de Dios, aunque atribuido en la Biblia solo al hombre, no se ofrece como una definición propia de los seres humanos, sino como una descripción de su relación con Dios.[37]

14.

[36] Aquino, *Del ente y de la esencia*, pág. 10.

[37] El término «relación» puede ser algo ambiguo. Por relación aquí queremos significar el hecho de que el hombre está relacionado con Dios

De hecho, el entendimiento tradicional de esta descripción ha sido que esto es verdad de los humanos solo porque estos son animales racionales.[38]

En segundo lugar, algunos de estos distintivos son mejor entendidos, no como propiedades que distinguen apropiadamente al hombre de todos los demás animales, sino como propiedades que manan de ese distintivo que distingue apropiadamente al hombre de todos los demás animales. Este distintivo es el hecho de que solo el hombre, de entre todos los animales, puede amar sacrificialmente, comunicarse a través del lenguaje, reír (ver el humor en una situación) y hacer muchas otras cosas; y todo esto se debe al hecho de que el hombre es un ser racional.

---

como la creación racional con el creador racional. Por supuesto, hay muchas consecuencias e implicaciones a causa de esa relación.

[38] Algunos, como Pedro Mártir Vermigli y John Walton, argumentan que el hecho de que el hombre sea «creado a imagen de Dios» significa que se le ha dado dominio sobre el mundo; cf. John Walton, *The Lost World of Genesis One: Ancient Cosmology and the Origins Debate* (Downers Grove, IL: InterVarsity Press, 2009), 67, 148. Sin embargo, para Vermigli, este dominio solo es posible porque el hombre es un animal racional: «El principio de Génesis enseña cómo el hombre es imagen de Dios (...) Esto muestra que la imagen de Dios consiste en que debemos gobernar sobre todas las criaturas, así como Dios gobierna sobre todo. Agustín a menudo relaciona esto con la memoria, la mente y la voluntad, las cuales como facultades del alma representan (como él dijo) las tres personas en una sustancia. Sin embargo, esta doctrina de Agustín más bien muestra la causa de la imagen, ya que el hombre ha sido puesto sobre las demás criaturas para dominarlas debido a que él ha sido dotado de la razón, la cual se revela a sí misma claramente por estas tres facultades». Cf. Pedro Mártir Vermigli, *Philosophical Works: On the Relation of Philosophy to Theology*, trad. y ed. Joseph C. McLelland (Kirksville, MO: Sixteenth Century Essays & Studies, 1996), 42. Francisco Turretini dice que la imagen de Dios en el hombre consiste en tres dones dados por Dios al hombre: (1) la naturaleza racional del hombre, (2) la justicia original del hombre y (3) el dominio y la inmortalidad dados por Dios al hombre. Cf. Francisco Turretini, *Institutes of Elenctic Theology*, trad. George Musgrave Giger, ed. James T. Dennison, Jr. (Phillipsburg, NJ: P&R Publishing, 1992), 464-470.

Los seres humanos también pueden decidir voluntariamente poner a un lado su propio bien por el bien de otro debido a que son racionales. Estos distintivos de la naturaleza humana son lo que llamaremos atributos esenciales; es decir, atributos que resultan de la naturaleza humana. La palabra «racional» se refiere (entre otras cosas) a la capacidad de razonar; de considerar conceptos abstractos con el fin de aprender; de deliberar sobre los medios para un fin, etc. Por lo tanto, proponemos que los humanos son animales racionales.

Los fines humanos y el bien

Como señalamos antes, todo lo que existe tiene lo que llamamos una causa final: una razón para su existencia, y un fin hacia el que tiende naturalmente. No solo cada ser tiene una causa final, sino que la acción de cada ser animado también tiene un fin, o causa final. Crucialmente, descubrimos el fin de cada cosa cuando vemos que tiende habitualmente a dirigirse a sí mismo hacia un bien particular.[39] Aquino sugiere esta aproximación en su quinta vía cuando afirma: «Pues vemos que hay cosas que no tienen conocimiento, como son los cuerpos naturales, y que obran por un fin. Esto se puede comprobar observando cómo siempre o a menudo obran igual para conseguir lo mejor»[40].

Aunque el fin de cada ser puede ser algo difícil de discernir, a menudo es fácil discernir el fin de las acciones individuales de los seres animados. Por ejemplo, descubrimos que el fin del oído es recibir el sonido, y un buen oído, un oído que cumple

---

[39] Cf. John F. Wippel, *The Metaphysical Thought of Thomas Aquinas: From Finite Being to Uncreated Being* (Washington, D. C.: Catholic University of America Press, 2000), 480–81.

[40] Aquino, *ST* I, q. 2, a. 3, *Respondeo*.

exitosamente su fin, es un oído que recibe todos esos sonidos que se supone debe recibir.

Podríamos decir algo similar de los ojos y el color; del sentido del tacto y la textura o la forma; de la nariz y los olores; y de la lengua y el sabor. Pero volviendo a nuestro ejemplo del refrigerador, podríamos decir que la «naturaleza» de un refrigerador es «una máquina que preserva la comida al reducir la temperatura interior de la máquina». Así que, el fin de un refrigerador es preservar la comida manteniéndola fría. Por lo tanto, un buen refrigerador es un refrigerador que exitosamente preserva la comida eliminando el calor. ¡Un refrigerador que no redujese la temperatura sería un refrigerador malo! Estos juicios son juicios objetivos basados en la «naturaleza» del refrigerador. Vemos, entonces, que, así como la causa formal de X es determinada por su causa final, así también juzgamos la proximidad de X a cumplir su causa formal dependiendo de cuán cerca está de cumplir su causa final. Es decir, se dice que X es más o menos bueno basándose en cuán cerca está de cumplir su fin natural (ese fin que es propio a su naturaleza).

Estas reflexiones nos permiten proponer una definición general del «bien». Aristóteles propone que:

> Si en el ámbito de nuestras acciones existe un fin que deseamos por él mismo —y los otros por causa de éste— y no es el caso que elegimos todas las cosas por causa de otra (…) es evidente que ese fin sería el bien e, incluso, el Supremo Bien[41].

---

[41] Aristóteles, *Ética a Nicómaco*, libro I, 2, trad. José Luis Calvo Martínez (Alianza Editorial, 2014). Los comentarios de Tomás de Aquino sobre este punto son útiles. Él señala el razonamiento detrás de esta declaración observando, en primer lugar, que «un fin por el que otros fines son buscados es el mayor de ellos». Cf. Tomás de Aquino, *Commentary on Aristotle's Nicomachean Ethics*, lect. 2, 19, ed. y trad. C. J. Litzinger (Notre Dame, IN:

La noción general del bien, entonces, es que el bien es aquello que cada cosa desea para sí misma (y no para algo más), y aquel fin hacia el que cada cosa se dirige a sí misma de acuerdo con su naturaleza. Por lo tanto, el fin de cada ser es su bien, y cada ser es bueno en la medida que alcanza su bien; es decir, su fin[42].

Vale la pena observar, antes de continuar, que hay fines que los humanos escogen para sí mismos —los fines de las acciones humanas particulares—, por los que se aproximan, más o menos, a ser verdaderamente humanos. Las buenas acciones humanas, consideradas morales por ser el resultado de la deliberación racional, no serían más que casos especiales de la noción general del bien.[43]

Consideraremos con más profundidad las buenas acciones humanas en un momento, pero también es importante señalar que, así como hay fines que los humanos escogen para sí mismos, también hay un fin que es natural para los humanos como humanos —el fin último o la causa final de la naturaleza humana: Dios—, el cual es el *telos* último de toda acción humana, independientemente de si los seres humanos individuales están conscientes de ello.

Ciertamente, como muchos teólogos han afirmado, el hombre fue hecho para estar unido a Dios. Agustín, en sus *Confesiones*, dijo a Dios: «Tú mismo le excitas a ello, haciendo

---

Dumb Ox Books, 1993), 7. Tomás de Aquino muestra que debe haber un fin último; si no lo hubiese, habría una progresión infinita de fines que llevan a fines que llevan a fines, y nunca tendría lugar un acto (Ibid., 7–8).

[42] Aristóteles, *Ética a Nicómaco*, I, 7. Observe que esto también le permite al teorista de la ley natural escapar fácilmente de la así llamada falacia naturalista, ya que la bondad es solo coextensiva con el ser. Por consiguiente, en tanto X es (en tanto alcance la posesión plena de su naturaleza o se aparte de ella), X es bueno.

[43] Cf. Edward Feser, *Aquinas: Beginners Guides* (2009; reimpr., Oxford: Oneworld Publications, 2010), 176.

que se deleite en alabarte, porque nos has hecho para ti y nuestro corazón está inquieto hasta que descanse en ti»[44]. Aquino dice esencialmente lo mismo: «La bienaventuranza última y perfecta sólo puede estar en la visión de la esencia divina».[45] O, en palabras de la primera pregunta del *Catecismo Menor de Westminster*: «El fin principal del hombre es glorificar a Dios, y gozar de Él para siempre».[46] El bien último del hombre, y en consecuencia la única fuente de felicidad última y eterna, es la unión con Dios.

Volviendo a nuestra consideración del bien y de los seres humanos, vemos, en primer lugar, que, como animales, los humanos naturalmente buscan muchos fines naturales como comer, crecer, reproducirse, etc. El intento humano de alimentarse, crecer y reproducirse no es más que la búsqueda normal de los fines naturales de un animal. Sin embargo, hay más en ser un humano que en ser un animal, ya que los humanos son animales racionales. De hecho, aquello que distingue una acción humana de una acción animal, y aquello por lo que juzgamos una acción humana como moral o inmoral, es la pregunta de si la acción es conforme con el aspecto racional de la naturaleza humana. Aunque los seres humanos deben, a fin de ser humanos, obtener fines propios a los animales, debido a que son humanos, deben obtener esos fines por medios que sean propiamente racionales.

Por ejemplo, ponga una hamburguesa enfrente de un perro normal y el perro se la comerá. No lo pensará dos veces; no habrá arrepentimiento; solo habrá satisfacción de la tendencia a la

---

[44] San Agustín, *Confesiones*, en *Obras completas de san Agustín,* trad. Ángel Custodio Vega (BAC: Madrid, 2013), I, 1, 1.

[45] Aquino, *ST* I-II, q. 3, a. 8, *Respondeo.*

[46] *Catecismo menor de Westminster*, p. 1, respuesta.

alimentación. Ponga esa misma hamburguesa enfrente de un humano, y el resultado no será el mismo. Algunos humanos (por ejemplo, los vegetarianos) no comerán la hamburguesa en casi ninguna circunstancia. Ellos no ven la hamburguesa como un «bien» que debe ser buscado. Otros humanos, quizá los que siguen una dieta rígida, podrían negarse a comerla porque esta tiene muchas calorías. Ellos normalmente ven la hamburguesa como un bien que debe ser buscado, pero a causa de un régimen dietético autoimpuesto, no la ven como un bien que debe ser perseguido. Los humanos, entonces, deliberan racionalmente sobre los fines que buscan, y sobre cómo los buscarán. Edward Feser resume muy bien lo que hemos dicho:

> La razón práctica es dirigida por la naturaleza hacia la búsqueda de lo que el intelecto percibe como bueno; lo que es de hecho bueno es la realización o cumplimiento de los varios fines inherentes en la naturaleza humana; y, por lo tanto, una persona «racional» percibirá esto y, en consecuencia, dirigirá sus acciones hacia la realización o cumplimiento de esos fines. En este sentido, todo acto bueno «concuerda con la razón» (*ST* I-II, q. 21, a. 1; cf. *ST* I-II, q. 90, a.1), y la pregunta moral del escéptico (¿por qué debería hacer lo que es bueno?) tiene una respuesta obvia: porque ser racional es (en parte) hacer lo que es bueno; cumplir los fines establecidos para nosotros por naturaleza.[47]

Esto nos lleva a la cuestión de la moralidad de una acción. Basados en lo que hemos visto antes, a fin de discernir si una acción particular es moral o inmoral, debemos considerar:

(1) la naturaleza y el fin natural del agente (por ejemplo, defecar en el jardín del vecino es inmoral para un ser humano, pero es amoral para un perro);

---

[47] Feser, *Aquinas,* 185.

(2) el fin o propósito de la acción (por ejemplo, decir la verdad a fin de difamar el carácter de otra persona es inmoral, pero decir la verdad a fin de que se haga justicia es moralmente bueno);

(3) las motivaciones o intenciones de la acción (por ejemplo, decir la verdad, a fin de que se haga justicia, pero motivado por el mal deseo de sacar a alguien del camino para beneficio personal, es inmoral);

(4) los resultados o las consecuencias de una acción;

(5) los medios por los que el fin fue logrado, y

(6) las circunstancias que rodean la acción (los contextos personales, sociales, políticos y religiosos). Es importante señalar que, casi cada uno de estos elementos, por los que determinamos la moralidad de una acción, son (a) teleológicos y están (b) relacionados con la naturaleza del agente o con la naturaleza de la acción.

Por lo tanto, hemos mostrado cómo llegamos a la conclusión de que las naturalezas existen y que estas están instanciadas en los individuos de cada especie. También hemos mostrado que una cosa es considerada buena en relación directa con la extensión que alcanza en el cumplimiento de su propio fin; es decir, el cumplimiento de su naturaleza. De ahí que podamos, basados en nuestro conocimiento de la naturaleza humana:

(1) descubrir las leyes normativas para todos los seres humanos; es decir, que algunas acciones son moralmente buenas para los seres humanos, que algunas acciones son moralmente malas para los seres humanos y que la bondad moral de algunas acciones depende de las circunstancias, los motivos y los medios de la acción en cuestión;

(2) hacer juicios morales objetivos con respecto a la bondad relativa de los seres humanos individuales, en relación con la

naturaleza humana (como la conocemos)[48], y

(3) hacer juicios morales con respecto a la bondad relativa de las acciones humanas individuales en relación a la naturaleza de la acción y el fin natural de esa acción particular. Por lo tanto, proponemos que hemos cumplido exitosamente el propósito de esta sección, mostrando cómo llegamos a la conclusión de que hay esencias o naturalezas, y mostrando cómo la existencia de estas naturalezas es fundamental para la ley natural. Ahora, como conclusión, consideraremos los elementos epistemológicos de la ley natural.

---

[48] Es importante señalar que solo Dios —el artífice— sabe con precisión lo que debe ser la naturaleza humana. Por consiguiente, cuando descubrimos lo que la naturaleza humana es, incluso una parte pequeña de ella, estamos, literalmente, pensando los pensamientos de Dios. El hecho de que nuestro conocimiento de la naturaleza humana sea limitado, es una de las razones de por qué la revelación divina en las Escrituras inspiradas e inerrantes, y en Cristo mismo, es importante. La Palabra de Dios nos dice lo que está mal con los humanos y lo que deben ser los humanos; entonces Cristo viene y nos muestra lo que los humanos deben ser y nos dice que la única manera de ser como Él (ser verdaderamente humano) es poniendo nuestra fe en Él (Ro. 10:9–10, Ef. 2:8–10).

CAPÍTULO 4: LOS ASPECTOS EPISTEMOLÓGICOS DE LA LEY NATURAL

Uno de los elementos necesarios de una ley justa es que esta sea promulgada; es decir, dada a conocer a aquellos que aplica. Por ejemplo, normalmente, si no se le permite cruzar legalmente a la derecha en una luz roja, habrá una señal que le informará de esta regla en cada luz roja particular donde esa regla aplique. Sin embargo, esto no es así en la isla de Montreal, ya que en toda la isla es ilegal cruzar a la derecha en luz roja. Así que, si maneja en la isla de Montreal y cruza a la derecha en luz roja, corre el riesgo de ser multado. Quejarse ante el oficial porque usted no conocía esa ley no impedirá que sea multado, ya que usted es legalmente responsable de obedecer las leyes del país en el que está, incluso si no está al tanto de esas leyes.

Este es un ejemplo particular del principio legal conocido como *ignorantia juris non excusat* (la ignorancia no exime del cumplimiento de la ley). Aquellos que se quejan de la ley de la isla de Montreal realmente no tienen excusa, ya que esta es anunciada por medio de grandes señales en cada entrada a la isla de Montreal.

¿Qué hay de la ley natural? ¿Ha sido esta «promulgada»? Hemos visto que esta está fundamentada en (1) el creador divino, y en (2) las esencias creadas, ¿pero podemos conocerla? ¿No es verdad que ningún hombre puede conocer la mente de Dios? Para que la ley natural sea verdad, los humanos deben ser capaces de tener algún entendimiento de la moralidad humana *via* su propio conocimiento de la naturaleza humana, aunque este sea limitado. Por supuesto, la pregunta es cómo los humanos conocen la naturaleza humana.

Abstracción

El conocimiento tiene el extraño carácter de ser «intencional». Esto significa que señala a otro objeto y no a sí mismo. En otras palabras, todo conocimiento es «de» algo; incluso el conocimiento de la naturaleza del conocimiento es un conocimiento «de» algo. Étienne Gilson, en su importante defensa del realismo metódico, declara lo mismo cuando dice del conocimiento que «lo primero que este capta, es una naturaleza situada en una existencia que no es la del conocedor, el *ens* de una naturaleza material».[1]

Ciertamente, como Gilson luego declara: «El método constante del escolástico es ir de las cosas a los conceptos, de tal manera que necesita muchos conceptos para expresar la esencia de una sola cosa».[2] El proceso de pasar de las cosas particulares a

---

[1] Étienne Gilson, *Le Réalisme Méthodique*, 2.ª ed. (Paris: Chez Pierre Téqui, 1937), 46. Mi traducción. En francés se lee: «La première chose qu'il saisisse, c'est une nature posée dans une existence qui n'est pas la sienne, l'*ens* d'une nature matérielle».

[2] Gilson, *Le Réalisme Méthodique*, 55. Mi traducción. En francés se lee: «la méthode constante du scolastique est d'aller des choses aux concepts, de sorte qu'il lui faut plusieurs concepts pour exprimer l'essence d'une seule

un concepto que aplica a muchos particulares, se llama, en la filosofía aristotélica-tomista, «abstracción».

El conocimiento, en la filosofía aristotélica-tomista, es explicado a través de tres grados de abstracción, la cual es una palabra que expresa la noción de separación con el propósito de análisis. Oderbeg señala que, para el esencialista:

> No solo todo el conocimiento empieza con los sentidos, sino que toda percepción sensorial inmediata es de particulares. Es desde los particulares que avanzamos, a través de un proceso de abstracción, al conocimiento de los universales, de los cuales formamos conceptos abstractos.[3]

La abstracción puede ser descrita como el acto de enfocar la atención en una parte de una cosa, sin considerar nada más, o sin tomar en cuenta otras partes de esa misma cosa. Por ejemplo, concentramos nuestra atención en un árbol en lugar de todo el bosque; u observamos la cantidad en vez del color.

Podemos hacer dos distinciones principales en relación con la abstracción. En primer lugar, podemos hacer una distinción entre lo que llamamos «abstracción del todo» (*abtsractio totalis*) y «abstracción de la parte» (*abstractio formalis*). La abstracción del todo es lo que un ser racional hace cuando clasifica los seres que se le presentan en forma de grupos generales por las características distintivas de los seres en consideración.

Por ejemplo, al ver a Pedro, Juan y Santiago, llegamos a la clasificación general de «hombre». Al ver un conjunto de hombres, perros y caballos, llegamos a la clasificación general de «animal». No hay precisión en estas clasificaciones. Como

---

chose».

[3] Oderberg, *Real Essentialism*, 24.

Maritain escribe: «Simplemente estoy tratando de reunir los rasgos comunes, a fin de establecer un marco nocional simple que sea común a tales individuos»[4]. Los seres humanos incursionan en la abstracción del todo poco después del nacimiento. Es a través de este tipo de abstracción que llegamos a distinguir diferentes géneros y especies.

La *abstracción de la forma* (o de la parte) es lo que ocurre cuando separamos la esencia o naturaleza del ser en cuestión de su materialidad. En este segundo orden de abstracción, ya no estamos estableciendo categorías generales; en lugar de ello, estamos tratando de distinguir una esencia de la otra; por ejemplo, la esencia de los seres humanos de la esencia de los caballos o perros. Como Maritain declara: «Aquí estoy tratando de llegar expresamente a la naturaleza, la esencia, el tipo de ser, el *locus* de las necesidades inteligibles».[5] Es dentro de este segundo tipo de abstracción que vemos la segunda distinción principal: los grados de abstracción desde la materia.

Los tres niveles de abstracción son: (1) la abstracción desde la materia individual; (2) la abstracción desde la materia sensible, y (3) la abstracción desde toda la materia. Aristóteles usó estos tres niveles de abstracción como la base para distinguir entre tres ciencias generales: (1) la física (que es dividida en (a) las ciencias naturales y (b) la filosofía de la naturaleza); (2) la matemática y (3) la metafísica.

A través de los dos principales tipos de abstracción (del todo y de la parte) llegamos al conocimiento de la naturaleza de lo que sea que estemos considerando. Mientras más un ser humano interactúe con X particulares, mejor refinado será su

---

[4] Jacques Maritain, *Philosophy of Nature*, trad. Imelda C. Byrne (New York: The Philosophical Library, 1951), 19.

[5] Maritain, *Philosophy of Nature*, 19.

entendimiento de la naturaleza de X. Este proceso de abstracción es de lo que Oderberg habla cuando dice:

> En cuanto a la observación de los universales, observamos, por ejemplo, el verdor al observar las cosas verdes. Cuando un investigador médico quiere estudiar el cáncer, lo hace estudiando casos particulares: organismos con cáncer, o muestras particulares del crecimiento cancerígeno *in vitro*. Si usted quiere estudiar la naturaleza humana, tiene que observar a los seres humanos individuales. Aunque toda experiencia sensorial «inmediata» es de particulares, tenemos una experiencia sensorial indirecta o «mediada» de los universales *por medio* de nuestra observación de los particulares.[6]

Por lo tanto, podemos llegar al menos a algún conocimiento de las naturalezas de las cosas de este mundo y, por consiguiente, a algún conocimiento de la naturaleza humana.

Pensando los Pensamientos de Dios

No solo los seres humanos tienen conocimiento de las esencias, como la naturaleza humana, a través de la abstracción, sino que, cuando llegamos al conocimiento de estas esencias, pensamos los pensamientos de Dios. Es decir, las naturalezas de las cosas que son conocidas por los seres humanos son conocidas a través de la observación de las instancias particulares existentes de esas esencias. Pero, las instancias particulares existentes de esas esencias son individuos materializados de esa naturaleza tal como es conocida por Dios; los individuos materializados de cualquier naturaleza son simplemente instancias de las ideas divinas (las

---

[6] Oderberg, *Real Essentialism,* 23–24.

causas ejemplares).

Esto se ilustra en la siguiente gráfica, en la que representamos la idea del hombre, en la mente del hombre, tal como se fundamenta en su observación de las instancias individuales del hombre en el mundo creado. Estas instancias individuales en el mundo creado están, una por una, fundamentadas en la idea divina de la naturaleza humana.[7]

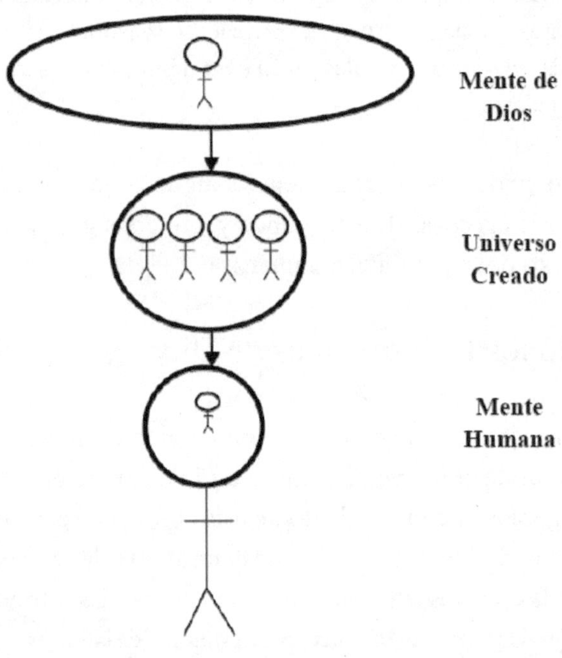

---

[7] Si hay un Dios que es la fuente creadora de todo lo que existe en el universo, entonces es seguro asumir que Dios creó el universo basado en Sus ideas divinas. Estas ideas son luego conocidas por los humanos individuales a través de sus observaciones del mundo creado. Por lo tanto, yo sugeriría que el realismo moderado es la consecuencia lógica de la creación divina.

CAPÍTULO 5:
CONCLUSIÓN

Nos dispusimos a discutir los fundamentos filosóficos de la teoría de la ley natural. Descubrimos, basados en el concepto de la ley natural, que hay dos fundamentos metafísicos de la ley natural: (1) la existencia de un Dios creador, y (2) la existencia de las naturalezas reales. También descubrimos que, junto con estos principios metafísicos, hay también un principio epistemológico que es necesario para cualquier teoría coherente de la ley natural: (1) que las esencias existentes son, en principio, conocibles por los humanos.

Hemos mostrado por qué cada uno de estos principios filosóficos es fundamental para la teoría de la ley natural, y cómo obran juntos para respaldar la afirmación de que hay un orden o gobierno de la conducta humana que está (1) basado en la naturaleza humana creada por Dios; que es (2) conocible por todos los hombres, a través de la intuición humana y el razonamiento (empezando desde sus observaciones de la creación, en general; y de la naturaleza humana, en particular), independientemente de cualquier revelación divina particular provista a través de un portavoz divino y, por consiguiente, (3) que es normativo para todos los seres humanos.

Debe señalarse que aún hay mucho espacio para el debate con respecto a cómo la ley natural es conocida. Por ejemplo, Jacques Maritain sugiere lo siguiente:

> Los juicios en los que la ley natural se hace manifiesta a la razón práctica no proceden de ningún ejercicio conceptual, discursivo y racional de la razón; proceden de esa «connaturalidad» o «congenialidad» por la cual lo que es consonante con las inclinaciones esenciales de la naturaleza humana es captado por el intelecto como bueno; y lo que es disonante, como malo.[1]

En otras palabras, la ley natural es solo conocida a través del conocimiento intuitivo, no a través del conocimiento discursivo. Algunos teóricos de la ley natural, siguiendo a los filósofos racionalistas y estoicos como Cicerón, probablemente estarán en desacuerdo, diciendo que la ley natural, basada en la razón, es conocida a través del razonamiento discursivo. Otros, como los autores de este libro, toman una posición mediadora donde la ley natural es parcialmente conocida por la intuición, y parcialmente conocida *via* el razonamiento discursivo.[2]

También se podría discutir cómo el pecado y la caída afectaron la habilidad humana de conocer la ley natural. Aquí no discutiremos estas preguntas, pero en el resto de esta guía

---

[1] Maritain, *Natural Law*, 20.

[2] Tal es la posición de Aquino, ya que él distingue entre los preceptos primarios o comunes de la ley natural, que son autoevidentes, y los preceptos secundarios o contingentes, que son conocidos a través del racionamiento discursivo (cf. Aquino, *ST* I-II, q. 94, a. 2, 4). Cf. David E. Luscombe, «Natural Morality and Natural Law» en *The Cambridge History of Later Medieval Philosophy*, ed. Norman Kretzmann, Anthony Kenny y Jan Pinborg (1982; Cambridge: CUP, 2000), 711. Luscombe también señala que Francisco Suarez parece sostener un punto de vista similar sobre cómo los humanos llegan a conocer la ley natural (Ibid., 717).

buscaremos mostrar que la ley natural no es solo coherentemente filosófica y fundada en el Ser mismo, sino que la ley natural también es bíblica.

PARTE II: ARGUMENTACIÓN EXEGÉTICA A FAVOR DE LA LEY NATURAL

ANDREW A. FULFORD

CAPÍTULO 6: INTRODUCCIÓN E HIPÓTESIS

La Biblia en todas sus partes asume la ley natural, y en algunos lugares apela explícitamente a ella. El libro escrito de Dios constantemente da testimonio del otro libro de Dios: el libro de la naturaleza. Para probar esto, iremos desde Génesis hasta Apocalipsis, señalando algunos puntos importantes a lo largo del camino.

Aparte de la cuestión del fundamento bíblico de la ley natural y su veracidad, los lectores podrían estarse preguntando cuál es el beneficio de investigar esta cuestión. Regresaremos a esta inquietud al final del libro, pero hay varias maneras de reconocer que la ley natural puede ayudar a los cristianos, como esperamos será evidente a lo largo del resto de la argumentación.

En la apologética, nos ayuda a demostrar la bondad de Dios; en la ética, provee claridad a los pensadores cristianos tanto en los tópicos que la Escritura aborda como en los que no; en la historia, nos ayuda a entender por qué los cristianos post-apostólicos se adhirieron a la ley natural desde el principio de la iglesia; en el trato con el mundo fuera de la iglesia, permite a los creyentes reconocer la bondad que ha existido en la raza humana y sus productos a lo largo de la historia; en la ley y la política, provee un fundamento lógico para la singular civilización que el cristianismo protestante produjo; en la exégesis, clarifica la lógica interna de la aproximación del Nuevo Testamento a las leyes del Antiguo, y en la práctica cristiana, nos ayuda a ver el tipo de madurez a la que los creyentes son llamados.

Mis Hipótesis

Dada la concepción de la ley natural que fue presentada y defendida en la sección previa, el resto de este libro se dedicará a mostrar que la Escritura presupone este concepto como un reflejo de la realidad. Para ser más específico, intentaré mostrar que las siguientes proposiciones son respaldadas por la Biblia:

(N1)   Que hay un orden objetivo en el universo como el descrito anteriormente.

(N2)   Que este orden es objetivamente visible, y que puede ser visto independientemente de si se usan o no los anteojos de la Escritura.

(N3)   Que al menos algunas personas no regeneradas perciben este orden.

Ahora un comentario final con respecto a la relación entre estas hipótesis. Los principios de justicia sugieren que, si N1 es verdad, las otras dos también lo sean. Es decir, si Dios ha establecido un orden que intrínsecamente sujeta a las personas moralmente, entonces Él no puede hacerlas responsables por su incapacidad de permanecer en éste, a menos que Él lo dé a conocer. Durante el resto de este estudio, no nos enfocaremos en esta conexión lógica entre las premisas; sin embargo, su contundencia añade fuerza al argumento como un todo.

CAPÍTULO 7: LAS ESCRITURAS HEBREAS

La riqueza de evidencia a favor de la ley natural en la Escritura sobrepasa mi habilidad de catalogarla, al menos en un espacio racionalmente breve. Lo que sigue es solo una muestra pequeña de lo que las Escrituras contienen. Sin embargo, es representativa y, para el final del estudio, confío en que los lectores podrán detectar fácilmente otras evidencias por sí mismos.[1]

Génesis

En el principio, Dios creó los cielos y la tierra. Al final del séptimo día, descansó, habiendo declarado «buena» Su obra. Esta es la primera proclamación de la doctrina de la ley natural. Cualquier cosa que corrompa o destruya este buen orden creado, es malo de

---

[1] La obra de John J. Collins en su *Encounters with Biblical Theology* (Minneapolis: Fortress Press, 2005), y de Markus Bockmuehl en su *Jewish Law in Gentile Churches: Halakhah and the Beginning of Christian Public Ethics* (Grand Rapids: T & T Clark, 2003), son útiles para el estudio de este tópico y yo dependo extensivamente de ellos en lo que sigue. En el pasado, también he consultado el libro de James Barr *Biblical Faith and Natural Theology: The Gifford Lectures for 1991: Delivered in the University of Edinburgh* (Oxford: OUP, 2000).

acuerdo con el dictado de la lógica.[2]

Génesis 2 nos da otra evidencia. Dios vio al hombre solo y dijo que esto no era «bueno» (Gn. 2:18). ¿Qué puede significar esta declaración? Debe comunicar algo como: «Dada la naturaleza de Adán, y considerando sus propiedades intrínsecas, permanecer sin un complemento (la mujer) le hará daño». Dios evaluó el tipo de ser que Adán era y juzgó que no estaba en una buena situación. La forma masculina de Adán estaba intrínsecamente dirigida hacia una compañía femenina que le faltaba y necesitaba para su plenitud.

Así que, en los primeros dos capítulos de la Biblia, vemos una afirmación de un orden objetivo (N1), una ley natural.

Éxodo

Bockmuehl[3] menciona el caso de Jetro en Éxodo 18. Durante su visita a Moisés, Jetro observó que las personas que traían sus casos para ser juzgados consumían todo el tiempo del profeta. Jetro le dijo: «No está bien lo que haces (...) porque el trabajo es demasiado pesado para ti; no podrás hacerlo tú solo» (vv. 17-18).[4]

La crítica básica de Jetro era que Moisés no estaba administrando su tiempo; en este sentido, sus acciones no eran

---

2 Por supuesto, la posibilidad de violar este orden creado no contradice una perspectiva agustiniana, tomista o calvinista de la providencia y la gracia. El tipo de libertad que los seres humanos poseen es la libertad de violar lo que los tomistas llamarían la voluntad antecedente, o los reformados la voluntad revelada, de Dios, no su voluntad consecuente o secreta. La ley natural es la revelación de la voluntad moral de Dios, y no contradecimos la doctrina de Agustín, Aquino y Calvino al decir que esta voluntad puede ser resistida.

3 Bockmuehl, *Jewish Law*, 91.

4 Esta y todas las citas bíblicas que siguen son tomadas de la versión Reina-Valera 1960.

«buenas». Aquí tenemos un ejemplo de alguien fuera de la asamblea visible del pueblo de Dios (aunque es muy probable que fuese temeroso de Dios), que ofrece sabiduría moral al mismísimo legislador de Dios, Moisés. La sugerencia de Jetro no podía tomarse de la Torá, de otra manera no hubiese sido necesaria.

Su consejo es simple sentido común. Moisés necesitaba delegar y dividir el trabajo; su tiempo y energía simplemente no podían manejar la carga de trabajo. Y ciertamente él estaba en una posición para delegar. Jetro percibió el problema y la solución donde ninguna ley divina explícita abordaba el asunto. Ahora bien, se podría decir que el consejo de Jetro se deriva por extensión de algún principio mosaico básico, pero de igual manera este consejo es de sentido común[5]. Es muy ingenuo sugerir que solo alguien que haya leído la ley de Moisés podría hacer esta sugerencia.

Esta obviamente benefició a Moisés, y cumplió la ley natural, la cual dirige a las personas hacia su propio bien. Por lo tanto, este ejemplo está en conformidad con N1, y probablemente sugiere N2. Si Jetro no era regenerado, prueba N3.

Deuteronomio

Collins resalta[6] Deuteronomio 4:5-6, donde Dios dice a Moisés:

---

5 Como G. A. Chadwick señala: «Por el conjunto de esta narrativa vemos claramente que la intervención de Dios a favor de Israel no debe ser entendida como una sustitución del ejercicio de la prudencia humana y del sentido común, sino como una dispensación de coraje en la lucha contra Amalec, y de paciencia en el viaje a través del desierto». Véase *The Book of Exodus* (London: Hodder y Stoughton, 1898), 263. Cf. Herman J. Keyser, *A Commentary on Exodus* (Grand Rapids, MI: Zondervan, 1940), 256–57. Keyser señala que el consejo de Jetro fue un fruto de su «sabiduría oriental».

6 Collins, *Encounters*, 101–2.

> Mirad, yo os he enseñado estatutos y decretos, como Jehová mi
> Dios me mandó, para que hagáis así en medio de la tierra en la cual
> entráis para tomar posesión de ella. Guardadlos, pues, y ponedlos
> por obra; porque esta es vuestra sabiduría y vuestra inteligencia ante
> los ojos de los pueblos, los cuales oirán todos estos estatutos, y
> dirán: Ciertamente pueblo sabio y entendido, nación grande es esta.

Si Israel guarda la ley, Dios dice que las naciones concluirán que es un pueblo sabio y entendido. ¿Cuál es la lógica de esta promesa? Debe ser que las naciones mirarán y observarán cómo obedecer esta ley conduce al florecimiento; al bien humano. Pero esto asume varias cosas. En primer lugar, asume que hay un bien humano objetivo.

La afirmación contraria sería que solo es bueno lo que la ley diga y nada más. Pero entonces, la declaración de los pueblos no sería más que: «Ciertamente esta es una nación que vive según sus leyes». Obviamente, esto no tiene sentido. Más bien, en segundo lugar, esto debe asumir que los paganos saben qué es el florecimiento humano, y que ellos pueden observar que el obedecer la ley de Dios conduce a ello. Esto ciertamente prueba N1 (Que hay un orden objetivo en el universo). Puede incluso probar N3 (Que al menos algunas personas no regeneradas perciben este orden), a menos que asumamos que solo los gentiles regenerados deducen estas conclusiones de sus observaciones.

Isaías

Bockmuehl resalta la polémica contra la necedad de la idolatría en Isaías[7]. El capítulo 44 contiene una descripción detallada de la

---

7 Bockmuehl, *Jewish Law*, 92.

insensatez de esta práctica, comenzando con una narración de cómo los artífices meticulosamente reúnen los materiales y hábilmente diseñan sus ídolos, al tiempo que usan los mismos materiales para cocinar su cena. El versículo 19 es un buen resumen de la reacción de Isaías:

> No discurre para consigo, no tiene sentido ni entendimiento para decir: Parte de esto quemé en el fuego, y sobre sus brasas cocí pan, asé carne, y la comí. ¿Haré del resto de él una abominación? ¿Me postraré delante de un tronco de árbol?

A primera vista parece que este versículo contradice N3, pero este no debe ser el caso. Romanos 1 sugiere que puede haber un tipo de conocimiento y desconocimiento simultáneos (como veremos cuando lleguemos a ese texto), o al menos un conocimiento que precede a una ignorancia culpable, y sin duda el mismo entendimiento opera aquí.[8]

Isaías hace una observación sobre el comportamiento pagano: ellos, claramente, de alguna manera no ven la locura de lo que hacen, de otra manera dejarían de hacerlo. Sin embargo, aun así, es locura, una acción que desafía la realidad, y que como mínimo prueba N1. Además, que Isaías no describa esto como mera ignorancia, sino como delirio,[9] prueba N2: los hechos

---

[8] De hecho, John N. Oswalt, en su comentario sobre Isaías, también señala este paralelo con Romanos 1, observando que «la solución siempre ha sido (incluso para alguien tan preocupado por sostener la soberanía divina como Calvino) mantener que este abandono no era arbitrario, sino en respuesta a los actos libremente escogidos de los idólatras. En esto, Calvino y el resto de nosotros seguimos las líneas presentadas por Pablo en Romanos 1». Véase *The Book of Isaiah: Chapters 40-66*, NICNT (Grand Rapids, MI: Wm. B. Eerdmans Publishing, 1998), 185.

[9] Oswalt llama a esto «autoengaño», lo cual resalta cuán insensatos son los adoradores de ídolos (*The Book of Isaiah*, 186.). Edward J. Young, en su comentario clásico sobre Isaías, resalta cuán engañados están los

simples de la naturaleza de la madera y de la divinidad prueban que no pueden ser idénticas.

Esta no es una verdad que puede ser conocida solo por el testimonio histórico de los eventos del Éxodo (por ejemplo). Es más bien algo obvio por sí mismo. El tono de mofa a lo largo del texto parece implicar N3 (Que al menos algunas personas no regeneradas perciben este orden), como también que, aunque los paganos están ciegos en un sentido, son culpablemente ciegos. Ellos han ignorado la realidad y por esa razón han dejado de verla.[10]

Jeremías y Amós

Jeremías 8:7 traza un paralelismo entre lo que llamamos la ley natural y la revelación especial de la Escritura:[11]

> Aun la cigüeña en el cielo
> conoce su tiempo,
> y la tórtola y la grulla y la golondrina

---

adoradores de ídolos cuando declara que «la frase es más fuerte y contundente que el ordinario "guardar en el corazón"; esta sugiere que el que medita tiene control de su pensamiento. Si se permitiera a sí mismo conocer lo que estaba haciendo y percibir su verdadero significado, se daría cuenta de su necedad y la abandonaría». Véase *The Book of Isaiah* (1972; repr., Grand Rapids: Wm. B. Eerdmans Publishing, 1979), 3:181. Cf. J. Alec Motyer, *The Prophecy of Isaiah: An Introduction & Commentary* (Downers' Grove, IL: InterVarsity Press, 1993), 346-347.

[10] También debe señalarse que los autores divinamente inspirados no son los únicos autores que ridiculizan la insensatez de la adoración a los ídolos. Muchos autores clásicos no regenerados, como Horacio, señalan la insensatez de adorar a un ídolo de una forma muy parecida a la de Isaías (cf. Motyer, *The Prophecy*, 346.).

[11] Cf. John Bright, *Jeremiah: Introduction, Translation, and Notes* (Garden City, NY: Doubleday, 1965), 63.

> guardan el tiempo de su venida;
> pero mi pueblo no conoce
> el juicio de Jehová

Los animales más bajos siguen la ley natural, así que tenemos un testimonio aquí de (N1), aunque en este caso el profeta no resalta el aspecto ético del orden natural. Bockmuehl señala un pasaje similar en Amós 6:12:[12]

> ¿Correrán los caballos por las peñas?
> ¿Ararán en ellas con bueyes?
> ¿Por qué habéis vosotros convertido el juicio en veneno,
> y el fruto de justicia en ajenjo?

En este caso, la analogía de arar provee un ejemplo de cómo hacer una inferencia ética del orden natural: las peñas son de tal naturaleza que tratar de arar en ellas, cuando hay una mejor tierra disponible, es absurdo. Por supuesto, la absurdez es otra forma de hablar de la necedad, que es el nombre que la Biblia da a las acciones que intentan desafiar el orden bueno y sabio intrínseco a la creación. Y perder el tiempo y la energía en tal esfuerzo agrario sería un buen ejemplo de necedad. Así que esta breve analogía asume N1 y N2. Además, la analogía presente en el texto probablemente asume que una persona no regenerada puede ver la necedad de tal acto.

El paralelismo inmediato es el de un acto tan necio que un caballo tiene el sentido de no hacerlo; claramente, este no es un tipo de comportamiento para el cual se necesita la regeneración a fin de reconocerlo como necio. Por consiguiente, Amós también parece apoyar N3.

---

[12] Bockmuehl, *Jewish Law*, 92.

Job

Bockmuehl también se refiere a un ejemplo importante de la ética de la ley natural en la práctica[13]. Job (31:13-15) dice durante su apelación final:

> Si hubiera tenido en poco el derecho de mi siervo
> y de mi sierva,
> cuando ellos contendían conmigo,
> ¿qué haría yo cuando Dios se levantase?
> Y cuando él preguntara, ¿qué le respondería yo?
> El que en el vientre me hizo a mí, ¿no lo hizo a él?
> ¿Y no nos dispuso uno mismo en la matriz?

Job afirma N1 (Que hay un orden objetivo en el universo) como mínimo en este caso. Específicamente, él resalta un aspecto del orden creado, y espera que sus interlocutores vean que este «es» tiene un «debería» obvio implicado en este. La naturaleza humana común a Job y su esclavo, dada a ambos por su Señor común, requiere que Job lo trate con equidad. La fuerza de su argumento depende enteramente de esta humanidad comúnmente observable.

Una parte de la respuesta del Señor a Job también sirve a nuestros propósitos aquí: cuando Dios ofrece Su respuesta a Job, dirige a este hombre justo a aspectos del orden creado, y espera que de ese orden él infiera la perspectiva adecuada sobre el Creador[14]. Específicamente, Dios recuerda a Job su ignorancia de cómo el Señor gobierna el universo. Job entiende el punto (Job 40:3-5; 42:1-6). Así que este texto asume, nuevamente, al menos N1 (Que hay un orden objetivo en el universo), si no N2 (Que este

---

13 Bockmuehl, *Jewish Law*, 94-95.
14 Collins, *Encounters*, 96.

orden es objetivamente visible, y que puede ser visto independientemente de si se usan o no los anteojos de la Escritura) y N3 (Que al menos algunas personas no regeneradas perciben este orden).

Y, ciertamente, Job ya había inferido esta lección de la naturaleza al principio del libro. Collins señala una parte del argumento de Job que anticipa una perspectiva de Proverbios, cuando declara que la sabiduría se relaciona con el orden de la creación. Job 28:20-28 dice:

¿De dónde, pues, vendrá la sabiduría?
¿Y dónde está el lugar de la inteligencia?
Porque encubierta está a los ojos de todo viviente,
Y a toda ave del cielo es oculta.
El Abadón y la muerte dijeron:
Su fama hemos oído con nuestros oídos.
Dios entiende el camino de ella,
Y conoce su lugar.
Porque él mira hasta los fines de la tierra,
Y ve cuanto hay bajo los cielos.
Al dar peso al viento,
Y poner las aguas por medida;
Cuando él dio ley a la lluvia,
Y camino al relámpago de los truenos,
Entonces la veía él, y la manifestaba;
La preparó y la descubrió también.
Y dijo al hombre:
He aquí que el temor del Señor es la sabiduría,
Y el apartarse del mal, la inteligencia.

No podemos pasar por alto la conexión entre 20-27 y 28. Un comentarista escribe:

Habiendo mostrado a Dios como la fuente de la sabiduría, el autor ahora hace su aplicación al hombre. El hombre debe buscar a Dios por sabiduría. El hombre puede participar en ella solo a través de un conocimiento de la mente revelada de Dios. Reconocerlo como Dios y vivir dentro de la esfera de Sus preceptos dadores de vida es la sabiduría para el hombre (Dt. 4:5–6; Sal. 111:10; Prov. 8:4–9; 9:10).[15]

Una vez más, la estructura objetiva del universo tiene implicaciones éticas (N1). El hecho de que el hombre carezca de sabiduría, y que Dios indudablemente la posea (algo claro de la reflexión de la creación), significa que el hombre debe ir a Dios por esa sabiduría. En otras palabras, la ley natural exige la adoración del Creador.

Salmos

El lugar obvio para buscar la ley natural en los salmos es el salmo 19.[16] Debido a que este texto es uno de los pasajes centrales del Antiguo Testamento sobre este tópico, lo examinaremos completamente:

Los cielos cuentan la gloria de Dios,
Y el firmamento anuncia la obra de sus manos.

---

[15] Elmer B. Smick, «Job», en *The Expositor's Bible Commentary: 1 & 2 Kings, 2 & 2 Chronicles, Ezra, Nehemiah, Esther, Job*, ed. Frank E. Gaebelein (Grand Rapids: Zondervan Publishing House, 1988), 977.

[16] Derek Kidner, por ejemplo, señala que este salmo habla claramente tanto de la revelación general como de la especial, y que este salmo puede ser fundamental para la referencia de Pablo de lo que el universo creado nos dice de Dios, en Romanos 1:18-19. Cf. Derek Kidner, *Psalms 1-72: An Introduction and Commentary* (Downers' Grove, IL: InterVarsity Press, 1973), 97.

²Un día emite palabra a otro día,

Y una noche a otra noche declara sabiduría.

³ No hay lenguaje, ni palabras,

Ni es oída su voz.

⁴ Por toda la tierra salió su voz,

Y hasta el extremo del mundo sus palabras.

En ellos puso tabernáculo para el sol;

⁵ Y éste, como esposo que sale de su tálamo,

Se alegra cual gigante para correr el camino.

⁶ De un extremo de los cielos es su salida,

Y su curso hasta el término de ellos;

Y nada hay que se esconda de su calor.

⁷ La ley de Jehová es perfecta, que convierte el alma;

El testimonio de Jehová es fiel, que hace sabio al sencillo.

⁸ Los mandamientos de Jehová son rectos, que alegran el corazón;

El precepto de Jehová es puro, que alumbra los ojos.

⁹ El temor de Jehová es limpio, que permanece para siempre;

Los juicios de Jehová son verdad, todos justos.

¹⁰ Deseables son más que el oro, y más que mucho oro afinado;

Y dulces más que miel, y que la que destila del panal.

¹¹ Tu siervo es además amonestado con ellos;

En guardarlos hay grande galardón.

¹² ¿Quién podrá entender sus propios errores?

Líbrame de los que me son ocultos.

¹³ Preserva también a tu siervo de las soberbias;

Que no se enseñoreen de mí;

Entonces seré íntegro, y estaré limpio de gran rebelión.

¹⁴ Sean gratos los dichos de mi boca y la meditación de mi corazón delante de ti,

Oh Jehová, roca mía, y redentor mío.

Muchos comentaristas han señalado el paralelismo entre los versículos 1-6 y 7-14 (que comienza con «la ley de Jehová»), pero quiero enfatizar la conexión de este texto con Génesis 1 y la ley natural. En los versículos 1-6 se nos impulsa a una admiración de la bondad de los cielos. Por sí mismos declaran la gloria de su Señor.

En el principio, después de que Dios había creado las estrellas y el sol, y les había dado sus funciones regulares, Él concluyó que todo era bueno (Gn. 1:18). David está de acuerdo aquí: cuando el sol (sin duda, representando todos los cielos) corre su circuito diario, obedece la ley de su Hacedor con alegría (Sal. 19:5). Los cielos hacen aquello para lo que fueron hechos, y eso es lo que para ellos significa florecer, y por ello están «alegres».

La segunda parte del salmo lleva a los lectores de vuelta al campo humano, y dice, esencialmente, que los seres humanos también florecen cuando viven como fueron diseñados para vivir. Y este sendero es señalado para ellos por la Torá.

Pero observe: si no hubiese una bondad humana objetiva (un hecho que existe junto con la Torá, no uno que simplemente se reduce a ella), las declaraciones de los versículos 7-8 no tendrían sentido. Simplemente serían tautologías: «La ley del Jehová es perfecta, que hace que el alma se conforme a la ley del Señor». Pero, por supuesto, el salmista quiere decir más que esto: quiere decir que la obediencia a la ley escrita de Dios logra el florecimiento humano, algo que en última instancia está determinado por la manera en que Dios hizo a los seres humanos.

Por lo tanto, el salmo 19 afirma N1 (Que hay un orden objetivo). También, por decir que el orden de los cuerpos celestes declara la gloria de Dios, afirma N2 (Que este orden es objetivamente visible, y que puede ser visto independientemente de si se usan o no los anteojos de la Escritura).

Proverbios

El libro de Proverbios provee abundante evidencia de la doctrina de la ley natural. Este continuamente afirma que el fundamento de la sabiduría en la creación viene de su Creador, que fundó el universo con sabiduría (Prov. 3:9; 8:22-31)[17]. Esto, como señalamos antes, elimina cualquier posibilidad de que la ley natural sea autónoma o independiente, y los mejores representantes de la tradición, como Aquino, siempre han estado de acuerdo con la Escritura en este asunto.

Sin embargo, la presencia generalizada de la sabiduría en la creación (una presencia explicada por el uso de ella del Creador), significa que la sabiduría habla con voz propia en todos los lugares (Prov. 8:1-11). La sabiduría no solo se encuentra en la sinagoga cuando se leen las páginas de la Torá; esta clama en las calles y en los mercados.[18]

Este punto es tan importante como la dependencia de la ley natural de Dios. Los cristianos no somos monistas: creemos que existen otros seres además de Dios. Consecuentemente, también creemos que la sabiduría inherente en todas las criaturas puede hablarnos, de la misma manera que Dios puede intervenir directamente en el curso de la historia para hablarnos. Sin embargo, esto no implica que las criaturas existen de alguna manera fuera del sostenimiento continuo de Dios. Más bien, como Aquino señala, es todo lo contrario. Su existencia continua no tiene sentido fuera de un ser necesario que los guarda de caer en la aniquilación.

Collins elabora dos conceptos fundamentales en la sabiduría proverbial que ayudan a detallar lo que la Escritura dice que la ley natural enseña. En primer lugar, la sabiduría enseña límites. Es

---

[17] Collins, *Encounters*, 100.

[18] Collins, *Encounters*, 96. El contraste con las páginas de la Torá en la sinagoga es mío.

decir, enseña que el control de la humanidad sobre la historia nunca es comprehensivo (e.g., Prov. 27:1).[19] Esto demanda humildad y comportamiento ético, ya que los seres humanos nunca están totalmente en control (Prov. 21:30; 19:31; 16:1; Prov. 3:7).[20]

En segundo lugar, la sabiduría enseña orden. Uno de los aspectos fundamentales de este orden es lo que podría llamarse la estructura de la realidad «del acto y la consecuencia». Como Collins lo expresa: «No hay duda de que el entendimiento de que ciertos actos (o actitudes) tienen consecuencias necesarias es fundamental para el pensamiento proverbial desde los siglos tempranos»[21]. Hay, como diría Francis Schaeffer, una «realidad real». De hecho, los proverbios a menudo contienen observaciones explícitas acerca del curso normal de la vida, que proveen la razón de su consejo (e. g., Prov. 27:23-24)[22].

En Proverbios el hombre sabio se vuelve sabio observando. Por otro lado, el necio es el hombre que no observa; este desprecia la sabiduría y la enseñanza (Prov. 1:7). Es importante que reconozcamos este hecho, ya que nos dice algo sobre el carácter de la ley natural. Es obvio que Proverbios respalda N1 y N2, pero también, por su condenación del necio, respalda N3. El necio no es el que permanece ignorante de la sabiduría porque está fuera de la iglesia visible. Más bien, es el que se ha negado a aprender lo que pudo haber aprendido por observar el mundo, de no ser por su corazón duro y corrupto.

El cristianismo no dice que la humanidad está condenada solamente porque desafía las leyes positivas especialmente

---

[19] Collins, *Encounters*, 97.
[20] Collins, *Encounters*, 97.
[21] Collins, *Encounters*, 99.
[22] Collins, *Encounters*, 107.

reveladas por Dios, aunque, por supuesto, dice que las personas que han desafiado tales leyes están condenadas. Adán, los israelitas, los cristianos y todos los que han oído su testimonio, han estado en esta posición. Pero Proverbios, y en general las Escrituras, también dicen que Dios condena a la raza humana porque la humanidad ha rechazado activa e intencionalmente el orden moral que constantemente la rodea, la cual «clama en las calles».

Eclesiastés

Otro texto importante para la presentación bíblica de la ley natural aparece en el libro del predicador, específicamente en el famoso pasaje de 3:1-8:

> Todo tiene su tiempo, y todo lo que se quiere debajo del cielo tiene su hora.
> Tiempo de nacer, y tiempo de morir;
> tiempo de plantar, y tiempo de arrancar lo plantado;
> tiempo de matar, y tiempo de curar;
> tiempo de destruir, y tiempo de edificar;
> tiempo de llorar, y tiempo de reír;
> tiempo de endechar, y tiempo de bailar;
> tiempo de esparcir piedras, y tiempo de juntar piedras; tiempo de abrazar, y tiempo de abstenerse de abrazar;
> tiempo de buscar, y tiempo de perder;
> tiempo de guardar, y tiempo de desechar;
> tiempo de romper, y tiempo de coser;
> tiempo de callar, y tiempo de hablar;
> tiempo de amar, y tiempo de aborrecer;
> tiempo de guerra, y tiempo de paz.

El Dr. Collins se refiere a este famoso discurso porque este presenta los límites de las reglas que encontramos en Proverbios, y ciertamente provee un contexto más amplio para la aplicación práctica de esas normas. Como dice el Dr. Collins: «Dado que los proverbios no son leyes universalmente válidas, sino que admiten excepciones, su aplicabilidad depende de la identificación del momento correcto».[23]

Sin embargo, imaginar que esto es una corrección del pensamiento de la ley natural sería un error. La idea de que la ley natural deja las decisiones particulares al trabajo de la prudencia o el discernimiento, ha sido reconocida a lo largo de la historia. Para volver a un defensor ejemplar, Aquino habla sobre este aspecto de la ley en su discusión de la ley humana.

En primer lugar, en *ST* I-II, q. 95. a. 2, Aquino explica que una ley puede derivarse de la ley natural de dos maneras: bien como una consecuencia lógica, bien como una particularización de una regla general. Él ofrece una analogía de un constructor que quiere construir una casa, el cual debe, por lo tanto, construir un tipo de casa y no otra. También ofrece un ejemplo de las decisiones de las naciones sobre cómo castigar las violaciones de la ley natural; castigos que no están especificados en la naturaleza misma[24].

En segundo lugar, él hace otras observaciones importantes sobre la aplicación de la ley natural en la siguiente cuestión. En el curso de discusión de la descripción de Isidoro de la ley natural (con la que él está de acuerdo), explica que una de las características de esta es que debe ser útil para la disciplina. Desarrollando esto, él explica que, para Isidoro, la ley debe ser justa; posible a la naturaleza; conforme con las costumbres del país,

---

[23] Collins, *Encounters*, 114.
[24] Aquino, *ST* I-II, q. 95, a. 2, *Respondeo*.

y adaptada al tiempo y el lugar. Este criterio significa que la ley debe ser conforme a la razón; que debe tomar en cuenta la capacidad de la naturaleza; que debe estar en conformidad con la costumbre social (ya que la sociedad es necesaria para la vida humana), y que debe ser apropiada para sus circunstancias precisas.[25]

La ley natural, entonces, deja algunas decisiones a la determinación humana, y estos juicios son sabiamente hechos cuando están en conformidad con «el tiempo y el lugar», como dice el predicador. La verdadera sabiduría no desea meramente leyes positivas, sino que entiende la necesidad de cierta medida de subjetividad cuando se trata de particulares.

---

[25] Aquino, *ST* I-II, q. 95, a. 3, *Respondeo*.

CAPÍTULO 8: LA LITERATURA JUDÍA EXTRACANÓNICA

La literatura judía extracanónica, que incluye los apócrifos (aunque no se limita a ellos), proporciona el contexto que formó la mentalidad de los primeros oyentes del Nuevo Testamento. También proporciona el ejemplo más temprano de cómo el Antiguo Testamento fue interpretado en relación con nuestro objeto de estudio. En tanto permitamos a las Escrituras evaluar críticamente este contexto cuando ella quiera, no sufriremos daños al conocer más sobre este. Y, de hecho, veremos que el Nuevo Testamento en gran parte está de acuerdo con la perspectiva que estudiaremos aquí.

El Eclesiástico

Sirá comienza a alabar la gloria del Creador en sus obras con este comentario (42:15-169):

> Voy a traer a la memoria las obras del Señor,
> Y a pregonar lo que he visto.
> Por la palabra del Señor existe todo,

Y todo cumple su voluntad según su ordenación:
El sol sale y lo alumbra todo,
Y la gloria del Señor se refleja en todas sus obras.[1]

Bockmuehl identifica correctamente este discurso (él hace referencia a todo el pasaje 42:15-43:33) como un ejemplo de la teología natural.[2] El punto de 42:16 es obvio: el brillo de la luz del sol sobre todas las personas es una analogía apropiada de la gloria de Dios que todas las personas pueden ver en todas las obras de Dios. Por supuesto, la idea de la gloria de Dios, como claramente aparece en la creación, no es una descripción de «valor neutral».

La gloria manifiesta exige una respuesta apropiada, y así este texto afirma N1, N2 y N3 en el espacio de dos versículos.

El Testamento de Neftalí

El testamento de Neftalí, parte de los muy controversiales testamentos apócrifos de los doce patriarcas[3], un libro que afirma ofrecer los últimos mandatos de los hijos de Jacob, proporciona un ejemplo clarísimo del pensamiento de la ley natural.

---

[1] Este pasaje del Eclesiástico fue tomado de la versión española de la Biblia de Alberto Colunga Cueto y Eloíno Nácar Fúster, conocida como *Biblia Nácar-Colunga*, publicada por la Biblioteca de Autores Cristianos en Madrid, 1944.

[2] Bockmuehl, *Jewish Law*, 98.

[3] Esta obra puede que no se conforme estrictamente con los límites de este capítulo, ya que algunos eruditos argumentan que es una obra cristiana, mientras que otros argumentan que ciertos elementos fueron interpolados por los cristianos. Para los lectores interesados, las ediciones académicas y los comentarios sobre el texto proporcionarán mayor información sobre los orígenes del mismo; probablemente fue escrito algún tiempo después de la destrucción de Jerusalén, y con seguridad antes de Tertuliano, quien lo cita.

Bockmuehl señala el pasaje 3:2-5:[4]

> El sol, la luna y las estrellas no cambian su orden: no trastoquéis tampoco vosotros la ley de Dios por el desorden de vuestras acciones. Los gentiles, equivocados y apartados del Señor, cambiaron su orden: fueron tras piedras y leños siguiendo a los espíritus del error. No seáis así vosotros, hijos míos, sino reconoced en el firmamento, en la tierra y el mar y en todas sus obras al Señor que todo lo creó, para que no seáis como Sodoma, que trastocó el orden de su naturaleza. Igualmente cambiaron el orden de su naturaleza los Vigilantes, a quienes condenó el Señor a la maldición del diluvio, por cuya culpa dejó la tierra desierta, sin frutos ni asentamientos humanos.[5]

La lógica de Neftalí es la siguiente: los cielos siguen el orden de Dios, y en ello aciertan. Por lo tanto, ustedes también deben seguir el orden de Dios. Los gentiles dejaron al Señor, y comenzaron a adorar las cosas creadas, y por eso mismo «cambiaron» el orden de Dios. En contraste, los hijos de Neftalí deben hacer lo opuesto: en el orden creado, deben reconocer a Dios como el Creador (e implícitamente adorar a ese Creador, y no lo que ellos reconocen como sus criaturas).

El patriarca, entonces, ofrece otros dos ejemplos de Génesis de figuras que violaron «el orden de su naturaleza»: Sodoma y los Vigilantes, reflejando la interpretación común de que «los hijos de Dios» que se casaron con «las hijas de los hombres» en Génesis 6 eran ángeles caídos que se unieron con los humanos. Esto sería un tipo de apareamiento entre especies distintas, obviamente

---

[4] Bockmuehl, *Jewish Law*, 101.

[5] A. Díez Macho, ed. *Apócrifos del Antiguo Testamento*, en 5 vols. publicados. *Testamentos de los Doce Patriarcas, hijos de Jacob*, trad. por Antonio Piñero, en vol. 5 (Cristiandad: Madrid, 1987), págs. 29-158.

contrario a la naturaleza.

Lo que es claro a lo largo de este texto es que la naturaleza misma es el orden de Dios y, por lo tanto, la violación de este significa, *ipso facto*, la violación de la voluntad de Dios. El texto obviamente prueba N1 y N2, y al describir a los gentiles como impíos en la siguiente parte del libro[6], confirma lo que debería ser obvio solo de este párrafo: los gentiles, los habitantes de Sodoma y los Vigilantes son culpables por violar el orden de la naturaleza. Por consiguiente, N3 se prueba por implicación, ya que la ignorancia absoluta es exculpatoria.

Pseudo-Focílides

Bockmuehl también acertadamente llama la atención al texto pseudoepigráfico judío de pseudo-Focílides[7], el cual contiene comentarios como (175-176; 190-191):

No permanezcas sin casarte, no sea que mueras en el olvido.
Da a la naturaleza lo que le debes; engendra como fuiste engendrado[8].
No transgredas con el sexo ilegítimo los límites establecidos por la naturaleza.

6» Os digo esto, hijos míos, porque he leído en el sagrado libro de Henoc que también vosotros os apartaréis del Señor, caminando por las maldades de los gentiles y cometiendo todas las impiedades de Sodoma « 4:1.

7 Bockmuehl, *Jewish Law*, 102. Este texto probablemente fue escrito en algún momento entre el 100 a. C. y el 100 d. C., dando más luz sobre el contexto del Nuevo Testamento.

8 James H. Charlesworth, *The Old Testament Pseudepigrapha and the New Testament, Volume 2: Expansions of the »Old Testament« and Legends, Wisdom, and Philosophical Literature, Prayers, Psalms and Odes, Fragments of Lost Judeo-Hellenistic Works* (New Haven; London: Yale University Press, 1985), 580.

Porque incluso los animales no se agradan del coito entre macho y macho[9].

Estas oraciones afirman N1 y N2, y la última, al argumentar que incluso los animales reconocen la ley natural, respalda N3.

La Sabiduría de Salomón

Sin embargo, las tres fuentes judías más famosas que respaldan la ley natural, son *La sabiduría de Salomón*, Filón y Josefo. La *Sabiduría*, han concluido los eruditos, en lugar de involucrarse simplemente con el platonismo y el estoicismo, asume un contexto de platonismo medio y estoicismo medio, los cuales se aproximan más a la cosmología judía de un Creador trascendente junto a un orden intermedio.[10]

También vale la pena señalar que muchos eruditos han visto particularmente la *Sabiduría* detrás de la lógica de Pablo en Romanos 1, lo cual puede ser posible (si Pablo conocía poetas paganos, podía conocer la *Sabiduría*). En la *Sabiduría* 13:1-9 leemos palabras como estas:

Vanos son por naturaleza todos los hombres que carecen del conocimiento de Dios, y que por los bienes que disfrutan no alcanzan a conocer al que es su fuente, y por la consideración de las obras no conocieron al artífice; sino que al fuego, al viento, al aire ligero, o al círculo de los astros, o al agua impetuosa, o a las lumbreras del cielo tomaron por dioses rectores del universo. Pues si seducidos por su hermosura los tuvieron por dioses, debieron reconocer cuánto mejor es el Señor de ellos, pues es el autor de la belleza, quien hizo todas estas cosas. Y si se admiraron del poder y

---

9 Ibídem, 581.
10 Collins, *Encounters*, 119.

de la fuerza, debieron deducir de aquí cuánto más poderoso es su creador; pues de la grandeza y hermosura de las criaturas, por razonamiento se llega a conocer el Hacedor de éstas. Pero sobre éstos no cae tan gran reproche, pues yerran tal vez por aventura, buscando realmente a Dios y queriendo hallarle; y ocupados en la investigación de sus obras, y a la vista de ellas, se persuaden de la hermosura de lo que ven. Aunque no son excusables, porque si pueden alcanzar tanta ciencia, y son capaces de investigar el universo, ¿cómo no conocen más fácilmente al Señor de él?

El autor de la *Sabiduría* indudablemente afirma N1 (Que hay un orden objetivo en el universo) y N2 (Que este orden es objetivamente visible); la lógica de este pasaje implica algo como N3 (Que al menos algunas personas no regeneradas perciben este orden), en que incluso los paganos no regenerados son culpados por fallar en responder a lo que es visible.

Filón de Alejandría

Que Filón respaldó la doctrina que este ensayo está defendiendo no sorprenderá a nadie. Proporcionaré un ejemplo claro en el texto de *La vida de Moisés* II. 48:

Fue porque no lo movía el deseo de legar a la posteridad el recuerdo de antiguos hechos con miras a brindar un placer sin sacar de ese relato mayor provecho, como algún historiador hace; sino el de discurrir sobre los primeros tiempos desde los orígenes, comenzando por la creación del universo, a fin de poner de manifiesto dos hechos de inmensa trascendencia: el uno, que el mismo Padre y Creador del mundo es también su verdadero legislador; el otro, que obrar conforme con nuestras leyes significa avenirse a seguir a la naturaleza y a vivir de acuerdo con el orden del universo, en armoniosa conformidad de las palabras con las obras y de las obras con las palabras.[11]

Josefo

El gran historiador judío también está de acuerdo con nuestra posición. Unas pocas citas de una sección (*Contra Apión* II. 190) proporcionan los ejemplos más claros:

> ¿Cuántas y cuáles son nuestras ordenaciones y prohibiciones? Muy sencillas, y conocidas. La primera y principal de todas es la que dice así sobre Dios: Dios lo contiene todo, es el ser perfecto y feliz, se basta a sí mismo y a los demás; es uno, principio, medio y fin; es conspicuo por sus obras y beneficios, más manifiesto que todo lo existente, pero su figura y su grandeza son inexpresables para nosotros.[12]

Y un poco después (II. 199):

> ¿Y en lo referente a los matrimonios? Nuestra ley únicamente aprueba aquellas relaciones sexuales que son la unión con la esposa, y sólo cuando tiene por objeto engendrar hijos. Abomina las relaciones entre varones y castiga con la muerte a los infractores.[13]

Los Rollos de Qumrán y los Rabíes

Por otra parte, según Bockmuehl, dos grupos de judíos muestran

---

[11] Filón de Alejandría, *Sobre la vida de Moisés*, en el vol. 4 de *Obras completas de Filón de Alejandría*, trad. José María Triviño (Acervo Cultural: Buenos Aires, 1976), 56.

[12] Flavio Josefo, *Contra Apión*, en el vol. 5 de *Obras completas de Flavio Josefo*, trad. Luis Farré (Acervo Cultural: Buenos Aires, 1961).

[13] Ibídem.

poca preocupación por la ley natural: los compiladores de los rollos de Qumrán (o los manuscritos del Mar Muerto), y los rabíes. En el caso de los primeros, Bockmuehl proporciona un ejemplo de un tipo de razonamiento de ley natural, en 1Q27:[14]

> ¿No odian todos los pueblos la iniquidad? Y sin embargo todos marchan de su mano. ¿No sale de la boca de todas las naciones la alabanza de la verdad? Y sin embargo, ¿hay acaso un labio y una lengua que persevere en ella? ¿Qué pueblo desea ser oprimido por otro más fuerte que él? ¿Quién desea ser despojado inicuamente de su fortuna? Y sin embargo, ¿cuál es el pueblo que no oprime a su vecino? ¿Dónde está el pueblo que no ha despojado a otro de su fortuna?

De hecho, esto es un testimonio más claro de lo que clásicamente se llamó «la ley de las naciones» (*ius gentium*), que es el conjunto de costumbres legales comúnmente sostenidas por todas las sociedades humanas. Sin embargo, este testimonio puede que asuma cierta conciencia de la razón «obvia» de estas similitudes jurídicas (e. g., el dolor es evidentemente no deseable, por lo que ninguna nación quiere ser oprimida). En cualquier caso, los escritores del Qumrán reconocieron que cuando las personas quebrantan estas leyes, no lo hacen por una ignorancia total del bien, sino en resistencia a su conocimiento.

Antes de pasar al N.T., vale la pena considerar cuál es la relevancia del alejamiento de estos dos grupos del patrón que vemos en otros lugares. En este punto, puede ser relevante lo que el Dr. James B. Jordan ha señalado en un lugar:

---

[14] *Textos de Qumrán*, ed. y trad. Florentino García Martínez (Trotta: Madrid, 1993), pág. 412.

Jesús abiertamente acusó a los judíos de Su tiempo de no entender la revelación mosaica, ya que la habían reducido a mera ley (Marcos 7:1-23). Él declaró que el primer propósito de la Torá era revelar a Dios y, consecuentemente, revelarlo a Él como el Hijo de Dios. Si los judíos hubiesen leído apropiadamente la Torá, hubiesen reconocido a Jesús como Dios (Juan 5:45-46). El hecho de que no lo reconocieran significa que estaban malinterpretando a Moisés (Lucas 24:27).

¿Cómo la Torá apunta a Dios? Simbólicamente. Todo lo creado por Dios lo revela a Él y, por consiguiente, es un símbolo de Él tanto en un sentido particular como en uno general. Lo mismo es cierto de cada aspecto de la Biblia. El Antiguo Pacto es un tipo del Nuevo, y todo en este simboliza y apunta a Dios y Cristo. Todo en la «ley mosaica» apunta a Dios y tipifica al Cristo por venir. Esta dimensión simbólica es principal, ya que es la dimensión simbólica la que revela el plan y la persona de Dios.

Debemos decir, entonces, que la razón por la que los judíos no reconocieron a Jesús como el cumplimiento de la revelación mosaica es porque abandonaron la aproximación simbólica a la Torá. La redujeron a mera ley.[15]

¿Es posible que, así como los rabíes malinterpretaron la Torá, pasando por alto su figuración simbólica de Cristo, así también hayan pasado por alto el significado de la vida humana y la relevancia de la manera en que la naturaleza significa a Dios, a causa del mismo problema espiritual? Para expresarlo de otra manera: los rabíes y fariseos pasaron por alto que Jesús era el

---

[15] James B. Jordan, *Studies in Food and Faith*, 43 (versión digital). Jordan ha descrito la ley natural de otra manera: los símbolos son realidades comunicativas. Decir que cada cosa creada simboliza a Dios es decir que todas las cosas, en su estructura intrínseca, tienen como fin dar a conocer a Dios a aquellos que observan esas cosas.

cumplimiento de la ley porque estaban determinados a entender la
Torá judía como un fin en sí misma.

No veían el fin al que apuntaba la Torá y, por consiguiente,
malinterpretaron el significado de la ley. Pero este mismo fallo
psicológico, esta determinación de ver la ley como un fin en sí
misma y de asegurar una importancia única para la Torá como el
fundamento del cosmos, podía también impedirles ver la
existencia e importancia de la ley natural. De hecho, el resultado
de ver la ley como un fin en sí misma fue la incapacidad de
obedecer las cosas más importantes de la ley, como la
misericordia, la justicia y la fidelidad. Los objetivos que
representaban el florecimiento de los seres humanos fueron las
cosas invalidadas por la aproximación farisaica al propósito de la
ley; y son esas cosas importantes de la Torá las que la ley natural
con casi la misma claridad comunica a los seres humanos.

La ley de la naturaleza no puede proporcionar una base para
que una sección de la humanidad se enfoque en sus características
especiales, ya que por su misma esencia todas las personas poseen
la ley natural. Por lo tanto, para los sucesores de los fariseos, esta
era inútil para sus intereses, y quizá hasta los amenazaba. Pero las
mismas características de la ley natural hacen que *a priori* sea
probable que una religión católica, como el cristianismo, haga uso
de ella. Y, como veremos en el siguiente capítulo, este *a priori* se
llevó a cabo *a posteriori*.

CAPÍTULO 9: LAS ESCRITURAS CRISTIANAS

Como veremos, la enseñanza del Nuevo Testamento sobre la ley natural está en continuidad con el Antiguo Testamento y la mayor parte de la literatura judía extracanónica.

Jesucristo

La enseñanza de nuestro Señor proporciona varios ejemplos del razonamiento de la ley natural. De hecho, la mayoría de ellos están entre sus dichos más memorables. Por ejemplo, en Mateo 6:25-26:

> Por tanto os digo: No os afanéis por vuestra vida, qué habéis de comer o qué habéis de beber; ni por vuestro cuerpo, qué habéis de vestir. ¿No es la vida más que el alimento, y el cuerpo más que el vestido? Mirad las aves del cielo, que no siembran, ni siegan, ni recogen en graneros; y vuestro Padre celestial las alimenta. ¿No valéis vosotros mucho más que ellas?

Jesús apela a hechos objetivos sobre el mundo natural, incluyendo la providencia de Dios para los animales, y la superioridad obvia en valor de los seres humanos sobre los animales, a fin de llegar a esta conclusión práctica: no se afanen por su vida. Este tipo de razonamiento al menos afirma N1 (Que hay un orden objetivo en el universo).

Que Jesús incluso apele al campo de la naturaleza, en lugar de simplemente citar mandamientos del Antiguo Testamento o proclamar nuevos decretos, implica fuertemente un respaldo de N2 (Que este orden es objetivamente visible, y que puede ser visto independientemente de si se usan o no los anteojos de la Escritura).

Otro ejemplo de la ley natural en la ética de Jesús es su famosa regla de oro (Mt. 7:12): «Así que, todas las cosas que queráis que los hombres hagan con vosotros, así también haced vosotros con ellos; porque esto es la ley y los profetas». Bockmuehl señala: «La conjetura simple de un tipo de reciprocidad natural y de comunalidad de las necesidades humanas sugiere la aceptación de una categoría moral que es general y autoevidente, en lugar de estar revelada positivamente en la Torá».[1]

Esta enseñanza merece un poco más de meditación. En primer lugar, Jesús enseña a Sus discípulos a ver sus propios deseos básicos como los que tiene cualquier ser humano. En segundo lugar, al decirles que satisfagan los deseos básicos de otros, él afirma esos deseos como buenos. La implicación de estas dos premisas es que Jesús enseña que, en cierto grado, las personas en realidad saben lo que es bueno para ellas, ya que tienen deseos que deben ser satisfechos. Por consiguiente, en esta regla, Jesús afirma N1, N2 (Que este orden es objetivamente visible, y que puede ser visto independientemente de si se usan o no los anteojos de la Escritura) y N3 (Que al menos algunas personas no regeneradas perciben este orden).

---

[1] Bockmuehl, *Jewish Law*, 118–19.

Y, por supuesto, esta regla es conocida como la regla de oro, ya que es fundamental (Jesús dice que resume la enseñanza ética del Antiguo Testamento), pero también porque ejemplos de ella se ven en todas las culturas, aunque en formas ligeramente variadas.

Otro famoso ejemplo de lo que las personas ahora llaman la ética de la ley natural se ve en la enseñanza de Jesús sobre la sexualidad, específicamente sobre el tema del divorcio. En Marcos 10:6-8 y sus paralelos, Jesús corrige la postura farisaica sobre esta práctica apelando al orden original de Dios. Un punto particular de gramática en la apelación de Jesús deja esto claro, el cual se encuentra en Marcos 10:4-9 y Mateo 19:4-6 respectivamente:

> Ellos dijeron: Moisés permitió dar carta de divorcio, y repudiarla. Y respondiendo Jesús, les dijo: Por la dureza de vuestro corazón os escribió este mandamiento; pero al principio de la creación, varón y hembra los hizo Dios. Por esto dejará el hombre a su padre y a su madre, y se unirá a su mujer, y los dos serán una sola carne; así que no son ya más dos, sino uno. Por tanto, lo que Dios juntó, no lo separe el hombre.
>
> Él, respondiendo, les dijo: ¿No habéis leído que el que los hizo al principio, varón y hembra los hizo, y dijo: Por esto el hombre dejará padre y madre, y se unirá a su mujer, y los dos serán una sola carne? Así que no son ya más dos, sino una sola carne; por tanto, lo que Dios juntó, no lo separe el hombre.

En ambos textos, aparece la palabra griega απο, traducida como la contracción «al». Así, lo que las palabras de Jesús realmente comunican es que Dios en el principio hizo varones y hembras (y continúa haciéndolo hoy). Jesús pasa a explicar que esta realidad natural perenne de dos sexos tenía como propósito esta unión (Mr.

10:7; Mt. 19:5; ἕνεκα/ἕνεκεν: «por esto»). Debido a que esta unión es la intención de Dios en el matrimonio, Jesús dice que no debemos oponernos a la intención de Dios separando lo que Él unió. Así, la lógica del argumento es la siguiente:

> Dios creó el orden masculino/femenino de la naturaleza en el principio en Edén, y Él ha sostenido ese orden desde entonces.
> El propósito de Dios con este orden de dos sexos es que estos sexos se unan en matrimonio.
> Por lo tanto, dado que Dios diseñó la unión de los sexos en el matrimonio, ningún simple ser humano debe quebrantar la unión una vez que esta se ha realizado; eso sería oponerse a la intención de Dios en la naturaleza.

Como mínimo, esto afirma N1. Estos no son los únicos ejemplos de un razonamiento del valor objetivo de las cosas en el universo en la enseñanza de Jesús, pero son suficientes para demostrar el punto. La misión de Jesús fue restaurar el mundo de Dios según el propósito original del Creador para este, y su guía práctica dirigió constantemente a sus discípulos a actuar consistentemente con este fin.

Pablo

Por encima de todas las figuras en la Escritura, las discusiones sobre la ley natural en la Biblia se centran correctamente en la enseñanza del apóstol Pablo. Esto no debería sorprendernos: de todos los escritores bíblicos, el apóstol a los gentiles fue el que con más energía abordó a aquellos que no tenían la Torá con las demandas de Dios, por lo que era el que tenía más probabilidades de usar los conceptos de la ley natural. Él menciona el concepto «naturaleza» varias veces, y se adentra en la teología natural y en la ética de la ley natural.

Hechos 14

Después de la sanación de un paralítico en Listra, los habitantes locales se convencieron de que Pablo y Bernabé eran dioses griegos. En respuesta a este error, Pablo proclamó (vv. 15-18):

> Varones, ¿por qué hacéis esto? Nosotros también somos hombres semejantes a vosotros, que os anunciamos que de estas vanidades os convirtáis al Dios vivo, que hizo el cielo y la tierra, el mar, y todo lo que en ellos hay. En las edades pasadas él ha dejado a todas las gentes andar en sus propios caminos; si bien no se dejó a sí mismo sin testimonio, haciendo bien, dándonos lluvias del cielo y tiempos fructíferos, llenando de sustento y de alegría nuestros corazones. Y diciendo estas cosas, difícilmente lograron impedir que la multitud les ofreciese sacrificio.

Pablo argumenta que no es correcto que los adoren porque su naturaleza es meramente humana[2]. Por supuesto, Pablo pudo haber citado la Shemá, o los dos primeros mandamientos, pero en lugar de ello razonó con los ciudadanos de Listra basado en lo que era objetivo en la estructura del mundo: era simplemente un hecho que, como seres humanos, Pablo y Bernabé no eran dignos de adoración. Esto asume claramente N1 y N2, pero quizá también

---

[2] La palabra griega ομοιοπαθεις significa «de pasiones semejantes» pero la lógica del argumento toma estas pasiones como sinécdoque para toda la naturaleza, ya que el resto de las palabras de Pablo no se enfocan en las pasiones humanas en contraste con otros rasgos humanos. Más bien, el contraste es entre las cosas creadas y el Creador. Quizás Pablo habla de las pasiones porque este rasgo en particular enfatiza la similitud de los seres humanos con los animales más bajos, en contraste con la naturaleza divina.

N3, ya que Pablo espera que sus oyentes entiendan el sentido de su argumento.

El apóstol proclama el Dios verdadero a los paganos, y señala que en el pasado este Dios dejó que la historia siguiera su curso sin interferencia. Él luego califica esta declaración, señalando que, aunque ahora Dios no permitirá simplemente que el paganismo continúe, ya desde antes Dios se había mostrado a los paganos. A lo largo del tiempo Dios les había dado testimonio a través de la naturaleza.

Según el versículo 17, Dios ha provisto continuamente «lluvias del cielo y tiempos fructíferos, llenando de sustento y de alegría nuestros corazones». Es decir, el testimonio es el hecho de que los procesos naturales continúen alcanzando sus fines señalados, y que estos fines encajan con lo que los seres humanos necesitan para su propia felicidad. Este testimonio da a conocer un Creador benevolente que merece nuestra devoción completa. En esencia, Pablo presenta la ya mencionada quinta vía de Aquino. Así que, en este texto, Pablo claramente afirma N1 y N2.

También podemos deducir que este testimonio era lo suficientemente visible para los paganos, incluso en su estado no regenerado. Negar esto sería invalidar el argumento de Pablo. Es decir, si este testimonio demuestra que Dios se ha revelado a los paganos (lo cual era un complemento a su llamado al arrepentimiento por parte de ellos), este testimonio no debía ser completamente imperceptible para ellos, así como no lo era el llamado al arrepentimiento. Esto implica N3.

Hechos 17

El discurso más famoso de Pablo sobre teología natural en Hechos es sin duda su *Areopagítica*. La sección más importante de ese discurso es (vv. 26-29):

> Y de una sangre ha hecho todo el linaje de los hombres, para que habiten sobre toda la faz de la tierra; y les ha prefijado el orden de los tiempos, y los límites de su habitación; para que busquen a Dios, si en alguna manera, palpando, puedan hallarle, aunque ciertamente no está lejos de cada uno de nosotros. Porque en él vivimos, y nos movemos, y somos; como algunos de vuestros propios poetas también han dicho: Porque linaje suyo somos. Siendo, pues, linaje de Dios, no debemos pensar que la Divinidad sea semejante a oro, o plata, o piedra, escultura de arte y de imaginación de hombres.

Pablo cita a Epiménides de Creta y el *Phainomena* de Arato para apoyar su teología judía, pero necesitamos considerar las implicaciones de estas citas. Pablo considera que estos escritores expresan verdades sobre el mundo. Esto implicaría N1 (Que hay un orden objetivo en el universo), ya que son verdades sobre el mundo, pero también N2 (Que este orden es objetivamente visible) y N3 (Que al menos algunas personas no regeneradas perciben este orden), ya que los poetas paganos están reportando estas verdades. Pablo entonces razona desde su teología natural y se opone al uso de imágenes en la adoración (verso 29). Nuevamente, esto debe asumir N1 como mínimo, pero dado que el apóstol está dando un argumento a los incrédulos, probablemente implica N3.

Romanos 1:17-32

El *locus classicus* para la teología natural, sin duda, es Romanos 1. El apóstol aclara varios hechos en esta etapa de su argumentación. En el versículo anterior, Pablo declara la solución al problema de toda la raza humana. En el versículo 17, él comienza declarando el problema. Luego, comenzando el capítulo 2, empezará a describir el problema judío en particular. Pero en los versículos 17-32, se enfoca en el problema no judío. Y ese problema es la ira de Dios, que viene debido a que los gentiles son pecaminosos. Esa pecaminosidad es descrita de varias maneras:

Suprimen la verdad (18)
Conocen a Dios, pero no lo honran ni le dan gracias (21)
Cambian la gloria de Dios por imágenes de criaturas (23)

Esta supresión culpable de la revelación de Dios lleva a más pecado, ya que Dios retira Su gracia restrictiva. En primer lugar, lleva a la adoración de las criaturas. Pero también lleva a actos antinaturales a nivel sexual que desafían la estructura obvia de la realidad y deshonran al Creador (24-27). El análisis de Robert Gagnon de la relación de este texto con su contexto precedente es convincente. Él escribe:

La inserción de 1:25 fue la manera de Pablo de recordar al lector los paralelismos entre la idolatría y el coito homosexual que hacen que el castigo sea apropiado para el crimen. En su relación vertical con Dios, los gentiles ignoraron la verdad obvia sobre Dios visible en la creación a fin de seguir un curso absurdo de acción; un curso de acción que ellos alegaron era el producto de la reflexión racional. Dios respondió su idolatría con el castigo de permitirles degradar sus cuerpos en sus relaciones horizontales entre ellos. Sin ninguna restricción divina de sus pasiones, continuaron ignorando la verdad obvia (ahora sobre la complementariedad heterosexual tan evidente en la naturaleza), y siguieron el absurdo curso de acción de tener relaciones sexuales con miembros del mismo género. Las correspondencias pueden explicarse así [siendo el paralelismo clave la negación absurda de la revelación natural en la adoración a Dios y en las relaciones con otros humanos]:

Idolatría	Relaciones homosexuales
Relación vertical con Dios	Relaciones horizontales con el prójimo
Supresión de la evidencia visible en la creación	Oposición a la evidencia visible en la naturaleza
En la esfera de la mente	En la esfera del cuerpo y las pasiones
Decisión humana	Abandono divino
Cambio de Dios por los ídolos	Cambio del sexo opuesto por el mismo sexo
No glorificar a Dios	Deshonra a sí mismos
Acto necio	Comportamiento degradante*

* Robert A. J. Gagnon, *The Bible and Homosexual Practice: Texts and Hermeneutics* (Nashville, TN: Abingdon Press, 2003), 267-268.

Y esto resulta en la lista sucia de pecados descrita en 28-32. Pablo concluye con esta declaración (32): «Quienes habiendo entendido el juicio [decreto] de Dios, que los que practican tales cosas son dignos de muerte, no sólo las hacen, sino que también se complacen con los que las practican». Hasta este punto en su argumento (que comenzó en el 17), Pablo no ha usado la palabra «decreto». Para determinar la identidad de este decreto, necesitamos considerar el contexto implicado de Pablo.

La interpretación más probable es que este «decreto» es precisamente lo que llamamos la ley natural.

En primer lugar, debemos considerar que el término griego que Pablo usa (δικαίωμα) podía ser usado por alguien como Josefo para referirse a la ley natural en *Antigüedades* 17:108:

Sin embargo, le asombraba menos la temeridad con que procedieron los otros hijos: eran jóvenes y estaban corrompidos por malos consejeros, y desconocieron las leyes (δικαίωμα) de la naturaleza en su apresuramiento para gozar del poder[3].

En segundo lugar, debemos recordar el estudio previo de los conceptos del A.T., y observar que las Escrituras describen el orden presente en la naturaleza como una expresión del decreto de Dios. Por ejemplo, Salmos 33:6–9:[4]

Por la palabra de Jehová fueron hechos los cielos,
Y todo el ejército de ellos por el aliento de su boca.
Él junta como montón las aguas del mar;
Él pone en depósitos los abismos.
Tema a Jehová toda la tierra;
Teman delante de él todos los habitantes del mundo.
Porque él dijo, y fue hecho;
Él mandó, y existió.

El orden de la naturaleza, de acuerdo con el pensamiento judío, es una manifestación de la voluntad de Dios, el mandato imperial de Dios. A través de su sabiduría y lógica, se puede percibir la voluntad del Creador. Es esta sabiduría, este decreto, que los

---

3 Flavio Josefo, *Antigüedades de los judíos,* ed. Alfonso Ropero (CLIE: Barcelona, 2013).

4 Cf., e. g., salmo 148.

gentiles en conjunto han desafiado.

Una parte de Romanos 1 pareciera sugerir una idea contraria a N3: el verso 21, que dice que las personas «se envanecieron en sus razonamientos, y su necio corazón fue entenebrecido». Luego en el v. 28, Pablo habla de manera similar y dice que la humanidad tiene una «mente reprobada». Podemos abordar este contraejemplo de dos maneras. En primer lugar, yendo al verso final (v. 32): independientemente de cómo cataloguemos esta psicología caída, Pablo aun así concluye su acusación de los gentiles diciendo que ellos entienden que estas cosas son malas.

En segundo lugar, estas descripciones del estado de la humanidad no dicen realmente que los seres humanos no conocen el poder eterno y la naturaleza divina de Dios. Ciertamente, como mínimo, no dicen que ahora los humanos son incapaces de conocer estas cosas basándose en la razón. En tercer lugar, dentro del alcance de este pasaje, un entendimiento posible de la oscuridad del intelecto mencionada en este pasaje está en los versículos 29-31.

Es decir, la «oscuridad» se manifiesta en las maneras malvadas que las personas eligen para comportarse. Tal comportamiento no tiene sentido a la luz de la voluntad revelada de Dios (que es lo que el v. 32 enfatiza), pero aun así las personas escogen hacer lo que saben que es irracional. Ciertamente, hay una oscuridad mental y volitiva, pero no es, al menos en este texto, una oscuridad de ignorancia completa sobre la existencia de Dios o Su voluntad moral.

Romanos 1, entonces, afirma N1 (Que hay un orden objetivo en el universo), N2 (Que este orden es objetivamente visible) y N3 (Que al menos algunas personas no regeneradas perciben este orden). Pero, antes de continuar, debemos hacer un comentario adicional. Concedamos, en pro del argumento, que como una minoría de exegetas han argumentado, este texto realmente no habla de la revelación natural, sino más bien de la revelación especial.[5] Aun así, ningún intérprete puede negar razonablemente que Pablo está imputando el conocimiento del ser de Dios y Sus mandamientos a personas que aún están en incredulidad. Por consiguiente, no podemos decir que solo los regenerados poseen conocimiento de la voluntad de Dios.

Incluso si negamos que este texto respalda N1 y N2, aun así, debe respaldar una versión modificada de N3 en relación con la ley divina positiva. Y cuando combinamos este punto con la evidencia abundante que ya hemos visto a favor de N1, los motivos teológicos usuales para negar que este texto habla de la revelación natural parecen ser socavados.

Romanos 2

Si Romanos 1 es el *locus classicus* de la teología natural, Romanos 2 representa lo mismo para la ley natural. Sin embargo, eruditos recientes han argumentado que el pasaje no se refiere a esta ley, por lo que dedicaremos cierto espacio a discutir el asunto.

Como Douglas Moo señala en su comentario sobre Romanos,

---

[5] Hay que señalar que si la traducción correcta en 1:20 (contra la mayoría de los eruditos) es «las cosas que han sido hechas», la implicación es que los paganos infieren la existencia de Dios de sus actos divinos en la historia. Vale la pena meditar en este hecho un poco más. ¿Cómo de los eventos del Éxodo los paganos infirieron que Dios existía? Bueno, con seguridad parte de la cadena de razonamiento era el propósito obvio detrás de las diez plagas. Estos claramente no fueron eventos naturales casuales. Y, sin embargo, la creación en conjunto manifiesta propósito. Si la existencia de Dios puede ser conocida *a posteriori* a través de la observación de sus actos en la historia redentora, no debería haber razón para decir que su existencia no puede ser inferida a través de la observación de sus actos corrientes de providencia.

el v. 12 es parte de una defensa de la imparcialidad de Dios que sigue a la declaración de este atributo en el vs. 11.[6] A su vez, Thomas Schreiner señala en su comentario que el punto de Pablo en el v. 13 es mostrar que los judíos no son mejores que los gentiles simplemente porque poseen la Torá[7]. Él también explica que la cláusula principal del v. 14 es «son ley para sí mismos», clarificando el punto del apóstol: los gentiles poseen la ley de una cierta manera como se demuestra por su obediencia ocasional a esta.[8]

En un artículo reciente, C. John Collins proporciona un fuerte argumento de que la frase «por naturaleza» debe referirse al cumplimiento de la ley, en lugar de poseerla por naturaleza. De hecho, él sostiene que en tres frases Pablo está aludiendo conscientemente a pasajes de Aristóteles para establecer este punto. Según su argumento: «Los tres ecos aparentes de Aristóteles en Romanos 2:14-15 son las frases: "son ley para sí mismos", "la obra de la ley" y "acusándoles o defendiéndoles"». A esto él añade, en oposición a cualquier sugerencia de que estas son frases del A.T.: «Ninguna de estas expresiones griegas tienen análogas en los LXX».

Vale la pena resumir su evidencia de estas alusiones. Para la primera frase, él cita *La ética a Nicómaco* de Aristóteles IV.8.10 (1128a): «el hombre elegante y generoso se conducirá como si *fuera ley para sí mismo*»[9]. Él explica el argumento de Aristóteles en el contexto: «El punto es que tal persona no necesita una ley

---

[6] Moo, *The Epistle to the Romans*, 144-145.

[7] Thomas R. Schreiner, *Romans*, Baker Exegetical Commentary on the New Testament (Grand Rapids: Baker Books, 1998), 116–17.

[8] Schreiner, *Romans*, 117.

[9] John C. Collins, «Echoes of Aristotle in Romans 2:14–15: Or, Maybe Abimelech Was Not So Bad After All», *Journal of Markets & Morality* 13, no. 1 (2012): 129. Aristóteles, *Ética a Nicómaco*, trad. José Luis Calvo Martínez (Alianza Editorial: Madrid, 2014).

impuesta para comportarse de la manera correcta; ella tiene un tipo de monitor interno que la guía»[10].

La segunda frase («la obra de la ley») aparece en *El arte de la retórica*, I.15.7 (1375b), que Collins transmite de esta manera:

> Asimismo (argumentaremos) que lo justo es verdadero y útil, pero no así lo que es opinable, de manera que la escrita no es propiamente una ley, pues no cumple *la función [obra] de la ley* (...) Y que es propio del hombre excelente aplicar y hacer guardar las leyes no escritas más bien que las escritas[11].

Una vez más explica el punto de Aristóteles, y cuán similar es al de Pablo:

> En el contexto, la expresión se refiere a la obra *propia* de la ley; es decir, la administración de la justicia real, que a menudo transciende las leyes escritas. Aristóteles argumenta que debemos recurrir a la ley y justicia general (...) como potencialmente más justa que la ley escrita. La ley general es conforme con la naturaleza (...) y, por lo tanto, no cambia.

Si Pablo está usando la frase de Aristóteles aquí, entonces se está refiriendo a un tipo de justicia que trasciende los límites de las leyes escritas; una ley escrita en los corazones de los gentiles a los que Pablo se dirige. Esto significaría que tales personas tienen una percepción de lo que es justo que va más allá de cualquier ley escrita que tengan.[12]

La última frase («acusándoles o defendiéndoles») tiene un

---

10 Collins, «Echoes», 129.

11 Collins, «Echoes», 130. Aristóteles, *Retórica*, trad. Quintín Racionero (Editorial Gredos: Madrid, 1999).

12 Collins, «Echoes», 130.

paralelo, según Collins, en la misma *Retórica* de Aristóteles, I. 15.3 (1375a): «Hablemos en primer lugar de las leyes: de cómo debe usar de ellas el que aconseja y el que disuade, *el que acusa y el que defiende*»[13].

Collins luego aborda la cuestión de si Pablo pudo haber conocido las obras de Aristóteles, y si su audiencia las conocía. En defensa de ambas afirmaciones, él señala como evidencia que Roma fue el principal centro de estudio de las obras de Aristóteles en el primer siglo a. C.: Cicerón, Josefo, Justino Mártir, Galeno y Diógenes Laercio muestran familiaridad con sus obras. Además, porciones de las obras de Aristóteles eran accesibles en forma de manuales, y es probable que dichos suyos se hayan vuelto comunes en el habla popular de los educados.[14]

Tres puntos más de Collins solidificarán su argumento. En primer lugar, él argumenta, a diferencia de Schreiner[15] (quien también concluye que Pablo está hablando sobre la ley natural aquí[16]), que Pablo está aludiendo a la promesa de Jeremías 31 del nuevo pacto. Sin embargo, Collins argumenta que Pablo no está aludiendo a ella para indicar que estos gentiles son el cumplimiento real de ella. Por el contrario, el punto de Pablo es que su obediencia ocasional a la ley natural (como se evidencia por la reflexión de Aristóteles de esta realidad), contrastada con la pecaminosidad continua de los judíos, es una prueba irónica contra la posibilidad de que el nuevo pacto haya sido cumplido en el pueblo judío antes de Jesús.

El pueblo judío no se destacaba moralmente en los días de Pablo, como lo hubiesen hecho si el nuevo pacto se hubiese

---

13 Collins, «Echoes», 130. Aristóteles, *Retórica*, trad. Quintín Racionero (Editorial Gredos: Madrid, 1999).

14 Collins, «Echoes», 131.

15 Schreiner, *Romans*, 122.

16 Collins, «Echoes», 124.

establecido verdaderamente entre ellos. La realidad era que algunas veces los gentiles eran más virtuosos en su obediencia a la ley natural que los judíos.[17]

En segundo lugar, Collins proporciona evidencia amplia de la bondad entre los gentiles que respalda tanto su argumento como el nuestro. A este respecto vale la pena citarlo ampliamente:

El Antiguo Testamento tiene varias maneras de retratar a los gentiles que muestran un sentido moral sano. En primer lugar, se reconoce la percepción moral de los gentiles, incluso hasta el punto de adoptar percepciones sanas en la religión autorizada de Israel (Ex. 18, el consejo de Jetro; Prov. 31:1-9). Si es cierto que los *Haustafeln* del Nuevo Testamento tomaron algo de su forma y contenido de las analogías helenísticas, esto reflejaría una perspectiva similar. Ciertamente, el énfasis en una buena reputación entre los incrédulos (e. g., 1 Ti. 3:7; 1 Pedro 2:12-15) asume cierto nivel de percepción moral entre sus vecinos, al igual que la tarea de las autoridades gobernantes (Ro. 13:1-7). En segundo lugar, hay claros ejemplos en los que los autores bíblicos describen el desempeño moral de los gentiles como una manera de contrastar eso con la mediocridad moral de algunos israelitas; por ejemplo, Génesis 12:18-19, donde Faraón reprende a Abraham sobre una base moral; 20:1-18, donde Abimelec alega inocencia y reprende a Abraham; cf. 21:22-34; 26:6-11, 23-33; 38:26, donde Judá reconoce que Tamar es más justa que él; 1 Samuel 6:1-9, donde los sacerdotes filisteos muestran más entendimiento de la presencia de Dios que los israelitas; Jeremías 39:11-14, donde Nabucodonosor muestra más preocupación por el bienestar de Jeremías que Sedequías; Ezequiel 5:6-8, donde se dice que el pueblo de Jerusalén ni siquiera ha actuado según las leyes de las naciones vecinas; Jonás 1:11-14, donde los marineros fenicios no

---

[17] Collins, «Echoes», 143.

quieren ser culpables de la sangre de Jonás. La implicación es que se podía esperar más de los israelitas. Probablemente esta es la implicación de Pablo en 1 Corintios 5:1 (un tipo de inmoralidad sexual que no es tolerada ni siquiera entre los paganos).[18]

En tercer y último lugar, Collins proporciona un argumento gramatical de que «por naturaleza» debería ir con el «hacer» y no con el «tener» (v. 14). Él señala tres cosas: que la sintaxis de la sentencia debería inclinarnos a esta posición, ya que *phusis* (naturaleza) está fuera de la frase atributiva; que si Pablo hubiese querido que vinculáramos la palabra con «tener», la hubiese escrito de forma diferente (él ofrece Gálatas 4:8 como un ejemplo), y que Crisóstomo, cuya lengua nativa era el griego, respalda esta glosa.[19]

Aunque algunos han intentado argumentar a favor[20], John Murray proporciona un fuerte argumento de que la «naturaleza» en cuestión no es la de los cristianos regenerados:

> Pablo no dice que la ley está escrita en sus corazones. Él se retrae de esta forma de declaración aparentemente por la misma razón que en el verso 14 había dicho que los gentiles «hacen por naturaleza lo que es de la ley» y no que hicieron o cumplieron la ley. Expresiones como «cumplir la ley» y «la ley escrita en el corazón» son reservadas para un estado de mente y corazón que está lejos del estado de los gentiles incrédulos[21].

Por lo tanto, hay buenas razones para defender la interpretación tradicional de Romanos 2:14 como una referencia a la obediencia

---

[18] Collins, «Echoes», 141-142.

[19] Collins, «Echoes», 144.

[20] El Dr. Collins menciona algunos, incluyendo al Dr. Simon Gathercole («Echoes», 162n78).

[21] John Murray, *The Epistle to the Romans*, 74-75.

ocasional de los gentiles incrédulos de la ley natural escrita en sus corazones. Sin embargo, si eruditos contemporáneos del N. T. como N. T. Wright[22] y el Dr. Simon Gathercole están en lo correcto, y esto en realidad se refiere a un cumplimiento genuino de la profecía del nuevo pacto de Jeremías, esto no socavaría el resto de la argumentación del presente libro. Si, como Wright argumenta, Romanos 2:14 habla de los «gentiles que no tienen la ley por naturaleza», en contraste, implícitamente, con los judíos que tienen la Torá por «naturaleza»[23], entonces el lenguaje de Pablo encaja en la categoría escolástica de «segunda naturaleza», que se refiere a un tipo de hábito o costumbre.

La raza o etnicidad, con su historia compleja y sus prácticas sociales, es algo en lo que se nace (como la verdadera naturaleza), y algo que poderosamente moldea el tipo de persona en que nos convertimos.[24] Así, los individuos de la nación judía, en virtud de su historia social, en este sentido poseen su herencia, especialmente la Torá, por (segunda) naturaleza.

Sin embargo, esto no implica que todo lo que Pablo (o la Biblia) describe como «naturaleza» es una construcción social como la cultura. Más bien, para Pablo, es claro que la naturaleza de los sexos es un ejemplo de algo que Dios creó en Génesis 1 y 2. El libro *The Bible and Homosexual Practice* de Robert Gagnon, muestra cómo Pablo está aludiendo a la narrativa de la

---

[22] Véase el comentario a Romanos del Dr. Wright» :The Letter to the Romans ,«en *The New Interpreter's Bible, Vol. 10: Acts, Romans, 1 Corinthians*, ed. Leander E. Keck (Nashville, TN: Abingdon Press, 2002), 393–770.

[23] Gálatas 2:15 probablemente usaφυσις de la misma manera como el texto presente.

[24] En este caso, en conformidad con la primera definición de φυσις ofrecida por BDAG: «Condición o circunstancia determinada por un don natural e innato».

creación mientras habla de la homosexualidad[25], revelando cuán íntimamente están vinculadas las intenciones originales creadoras de Dios y la naturaleza de los sexos en la mente del apóstol. Y, además, sugerir que, para Pablo, el orden de la creación que hemos discutido a lo largo de este ensayo es enteramente una construcción social, sería para él negar que haya una creación en absoluto. Claramente, el apóstol quiere decir otra cosa.

Romanos 13

Como se menciona en una cita anterior de Collins, y como se señala en otra Guía Davenant (*Jesús y el pacifismo*), Romanos 13 implica que los gentiles incrédulos pueden conocer y promulgar

---

[25] Gagnon proporciona un argumento decisivo que demuestra que Pablo alude intencionalmente a la narrativa de la creación de Génesis en su descripción de la homosexualidad en 1:24-27. Parte de la evidencia: (1) Pablo rastrea el origen del pecado en la caída, trayendo Génesis 1 a la mente; (2) él escribe: «desde la creación del mundo» (1:20); (3) se refiere al «Creador» (1:25); (4) denota los sexos con los términos θήλειαιν ἄρσενες en lugar de γυναῖκες y ἄνδρες o ἄνθρωποι, siguiendo exactamente la versión de los LXX de Génesis 1:27; (5) el apóstol proporciona una referencia triple a las aves/cuadrúpedos/reptiles que aparece en Génesis 1:30; (6) posiblemente «la mentira» (Ro. 1:25) alude a la implicación falsa de la humanidad sobre Dios en la caída, al creer las mentiras de la serpiente; (7) la palabra «vergüenza» aparece en Génesis (Ro. 1:27; cf. Gn. 3:1, 8), (8) al igual que «conocimiento» (Ro. 1:19, 28, 32; cf. el árbol del conocimiento), (9) y la sentencia de muerte (Ro. 1:32; cf. Gn. 2:17; 3:4-5, 20, 23) (290-291). Gagnon escribe: «Para Pablo, tanto la idolatría como la homosexualidad rechazan el veredicto de Dios de que lo que fue hecho y arreglado era "bueno en gran manera"» (1:31). La humanidad rechazó la bondad de Dios por la idolatría, rechazó el dominio por la adoración de animales y rechazó su sexualidad dimórfica por actos homosexuales contrarios a la naturaleza (291). «Como con Jesús, así con Pablo: la historia de la creación en Génesis no deja espacio para una expresión legítima de la relación homosexual. Aunque Romanos 1:18-32 habla de los eventos después de la caída, para Pablo todas las rebeliones humanas son, de alguna manera u otra, rebeliones contra la voluntad de Dios para la humanidad puesta en marcha en la creación» (291).

la justicia en un grado imperfecto pero real. No es necesario relatar el tratamiento completo que se le da al texto en ese libro, pero podemos señalar algunas cosas acerca de la importancia de la enseñanza de Pablo sobre el magistrado para nuestra presente cuestión. Para aclarar el argumento, leamos el texto primero (1-4):

> Sométase toda persona a las autoridades superiores; porque no hay autoridad sino de parte de Dios, y las que hay, por Dios han sido establecidas. De modo que quien se opone a la autoridad, a lo establecido por Dios resiste; y los que resisten, acarrean condenación para sí mismos. Porque los magistrados no están para infundir temor al que hace el bien, sino al malo. ¿Quieres, pues, no temer la autoridad? Haz lo bueno, y tendrás alabanza de ella; porque es servidor de Dios para tu bien. Pero si haces lo malo, teme; porque no en vano lleva la espada, pues es servidor de Dios, vengador para castigar al que hace lo malo.

No es difícil ver cómo este texto afirma N1 (Que hay un orden objetivo en el universo): Pablo sin rodeos nos dice que Dios ha establecido el orden político en el mundo, y que desobedecerlo está mal. Pero, además, debemos recordar que las autoridades de las que habla el apóstol aquí no son cristianas. Sin embargo, él enseña que ellas aprueban lo que es bueno y castigan al malo. Aunque el texto no dice esto explícitamente, parece justo asumir que Pablo creía que los magistrados hacían esto deliberadamente, y no por alguna feliz coincidencia. Es decir, este texto implica que los magistrados no cristianos conocen el bien y el mal, y que responden consecuentemente con la ley. Esto implica N2 (Que este orden es objetivamente visible, y que puede ser visto independientemente de si se usan o no los anteojos de la Escritura.) y N3 (Que al menos algunas personas no regeneradas perciben este orden).

Ahora bien, no es necesaria mucha familiaridad con la historia humana para saber que los gobiernos no se comportan constante e infaliblemente como el apóstol dice aquí. Pero esto no es, estrictamente hablando, un problema para el argumento presente, sino que más bien es una cuestión acerca de la veracidad del texto mismo. No obstante, puede ser útil abordar esta cuestión brevemente, y ciertamente, la respuesta más probable solo fortalece el argumento a favor de la ley natural. La mejor resolución es reconocer que Pablo está hablando aquí de la forma ideal del gobierno; es una descripción del diseño de Dios para el estado en su naturaleza y función.

Sin embargo, como en el comportamiento humano en general, así como en el comportamiento político de los magistrados en particular, las personas están destituidas de la gloria de Dios. Podemos desobedecer la ley natural, y esto es lo que ocurre cuando los magistrados decretan injustamente. No obstante, aún es verdad que, fundamentalmente, los estados están destinados a realizar la tarea que Pablo describe aquí, y así el apóstol está en lo correcto al hablar del ideal como lo hace aquí.

Efesios 2:3

En medio de una descripción del estado de la humanidad caída, Pablo habla de cómo «éramos por naturaleza hijos de ira, lo mismo que los demás». A primera vista, este texto parece indicar que la perspectiva de este libro sobre la naturaleza en la Biblia es errónea, ya que hasta ahora la hemos tratado como un reflejo del diseño y la voluntad moral de Dios. Sin embargo, este texto obviamente no la está usando de esta manera, sino más bien como una referencia a la condición en la que sus lectores (y por extensión, la humanidad) nacieron al ser hijos de seres humanos. Pero, de hecho, tal uso del concepto de naturaleza es consistente con la perspectiva clásica sobre la ley natural que hemos argumentado que es bíblica.

Específicamente, este es un caso de lo que los escolásticos llamarían «segunda naturaleza», que a menudo sería vinculada con la raza y la cultura. Sin embargo, a diferencia de la raza, Pablo ahora habla de un tipo de construcción diferente: el pecado. De hecho, sería más acertado llamarlo destrucción, porque eso es lo que el pecado realmente es. El pecado es un hábito que todos los seres humanos poseen desde el nacimiento que los aleja de su *telos* (propósito) diseñado por Dios, y que los conduce hacia la ruina total. Esta propensión hacia el mal consecuentemente trae la ira de Dios y, por lo tanto, por (segunda) naturaleza estamos sujetos a la ira de Dios.

1 Corintios 6:18

Volviendo a las pruebas positivas a favor de la ley natural en la ética paulina, 1 Corintios 6:18 proporciona un buen ejemplo del concepto sin la palabra. El apóstol escribe que «el que fornica, contra su propio cuerpo peca». En otras palabras, pecar sexualmente es ofender el orden correcto grabado por Dios en el cuerpo que Él creó para los seres humanos. Este pecado quebranta el decreto natural de Dios. Esto prueba N1, aunque no N2 o N3.

1 Corintios 11

El otro texto paulino frecuentemente discutido en relación con la ley natural, se encuentra en las enseñanzas del apóstol sobre el velo. Pablo escribe (1 Co. 11:13-15):

> Juzgad vosotros mismos: ¿Es propio que la mujer ore a Dios sin cubrirse la cabeza? La naturaleza misma ¿no os enseña que al varón le es deshonroso dejarse crecer el cabello? Por el contrario, a la mujer dejarse crecer el cabello le es honroso; porque en lugar de velo le es dado el cabello.

Bockmuehl proporciona lo que es probablemente la explicación correcta de este texto:

> Sin embargo, el argumento particular de este pasaje se deriva del hecho de que en este contexto la perversión de los peinados denotaba una perversión de la identidad sexual. Que un hombre usara un estilo de cabello femenino era una manera de comunicar afeminamiento y, consecuentemente, homosexualidad. Por lo tanto, es probable que para Pablo el cabello largo del hombre no es «natural» no solo por consenso o sentimiento común, sino especialmente por lo que denota en el campo moral. Como vimos en Romanos 1, tanto Pablo como el judaísmo helenista condenaron los actos homosexuales como intrínsecamente contrarios al orden creado.[26]

En otras palabras, el orden creado implica que las acciones homosexuales de cualquier tipo son antinaturales. Es decir, no simplemente los actos homosexuales, sino el comportamiento en general, el cual hoy es llamado «transgresión de género». Pero, de acuerdo con los judíos y cristianos, la naturaleza enseña que las personas deben comportarse según su sexo. Pero, por supuesto, nadie vive como un ser sexualizado en aislamiento; todas las personas deben participar en las sociedades, las cuales socialmente han establecido convenciones para los sexos. Por consiguiente, la naturaleza dicta que las personas se comporten

---

[26] Bockmuehl, *Jewish Law*, 134.

según su propio sexo en relación con otros en la sociedad, y que, en consecuencia, se comporten en conformidad con las convenciones sociales para los sexos establecidas por la sociedad en la que están.[27] El texto presente aborda una de esas convenciones: la del peinado.[28]

Por supuesto, las convenciones sociales pueden demandar pecado, y Pablo no ignoraba este hecho. Pero él también, aparentemente, no considera que el hecho de que las mujeres usen peinados y velos femeninos convencionales sea una costumbre pecaminosa de la cultura.

Judas

El último texto en nuestro estudio será Judas 7. El hermano de Santiago escribe que los habitantes de Sodoma y las ciudades vecinas fueron «en pos de otra carne». No sin razón algunas versiones parafrasean esto como «en pos de deseos contra naturaleza», ya que los pecados sexuales que Génesis narra incluían deseos de homosexualidad y violación. Judas escribe que esas ciudades son un ejemplo del castigo a ese comportamiento. Esto implica N1 (Que hay un orden objetivo en el universo), y asumiendo que Dios no castiga a las personas por desobedecer ordenes que ignoran, parece implicar N2 (Que este orden es objetivamente visible), y N3 (Que al menos algunas personas no

---

[27] El contexto obvio del A. T. para la lógica de Pablo sería Deuteronomio 22:5: «No vestirá la mujer traje de hombre [literalmente "cosas", no solo ropa], ni el hombre vestirá ropa de mujer; porque abominación es a Jehová tu Dios cualquiera que esto hace». Deuteronomio también se preocupa de que los hombres y las mujeres se vistan como la sociedad ha establecido que los sexos se vistan.

[28] Para un ejemplo de un pagano que respalda la ley natural con un argumento similar, véase Séneca, *Epístola* 122.7.

regeneradas perciben este orden).

UNA BREVE INTRODUCCIÓN Y UNA
DEFENSA BÍBLICA

CAPÍTULO 10: CONCLUSIÓN

Habiendo finalizado nuestro estudio del Antiguo Testamento, la literatura judía extracanónica y los textos del Nuevo Testamento, proponemos que hemos demostrado exitosamente que la ley natural está profundamente enraizada en la enseñanza bíblica, especialmente la noción de un orden objetivo en el universo, que incluye un orden moral, enmarcado por Dios y discernible por todos los hombres. Pero ¿cuál es el valor de este estudio, si es correcto?

El Beneficio Apologético

Reconocer que las leyes divinas positivas reveladas en la Escritura entrelazan y complementan el orden objetivo que Dios ha instalado en la creación, ayuda a mostrar que Dios es bueno. Si la Escritura reconoce y respalda la ley natural, entonces el Dios de la Escritura debe planear bendecirnos y perfeccionarnos de acuerdo con la naturaleza que conocemos en nuestros huesos, de otra manera la expresión «Dios es bueno» es solo una tautología. Y, ciertamente, cuando vemos los mandamientos que Dios nos da en la Escritura, vemos que concuerdan con los mejores instintos morales de la raza humana; asimismo, cuando vemos las promesas de bendición que Dios da, percibimos la compleción de nuestras naturalezas.

Entender que la Escritura respalda la ley natural también ayuda a la ética cristiana, preocupada por la obediencia a la revelación especial, a ver la dirección que su pensamiento necesita seguir. Es decir, los cristianos que creen en la Escrituras deben defender la existencia y visibilidad de la ley natural frente a otros cristianos y el mundo en general.

La Mejor Explicación de la Historia de la Iglesia Primitiva

Adicionalmente, esta perspectiva sobre la ley natural ayuda a dar sentido a la data histórica. Específicamente, hace que sea más fácil entender cómo desde su comienzo el cristianismo asumió y respaldó la doctrina de la ley natural. Es algo entendible, dado el contexto social de los primeros cristianos. Como se mencionó antes, Bockmuehl discute por qué los cristianos estaban interesados en hacer uso del razonamiento de la ley natural:

Al mismo tiempo, y a pesar de los escrúpulos filosóficos y teológicos modernos[29], los autores grecorromanos y del N.T. de varias maneras confirman la antigüedad de la sustancia y terminología del lenguaje de la ley natural. Los escritores más antiguos compartían el supuesto incuestionable de que el lugar de la humanidad en el orden social y natural implica principios fundamentales de moralidad; y que estos eran continuos con todos los buenos sistemas de ley positiva, y que eran reconocidos por las

---

[29] En este punto, por supuesto, me aparto del Dr. Bockmuehl.

personas refinadas en todas partes. No solo los griegos y romanos, sino también los judíos y cristianos, argumentaron en tales términos, aunque solo fuese para que su discurso moral fuese posible en un mundo intercultural. Además, su presuposición teológica de una ontología universal, sirvió como el marco indispensable para su cosmovisión de pacto.[30]

Implicaciones para las Misiones y la Filosofía

La penúltima sentencia hace que surja otra razón de por qué esta conclusión es beneficiosa: esto significa que la Biblia permite el compromiso cultural, específicamente del tipo que puede admitir que hay bondad y valor fuera de la iglesia visible. Para los cristianos especialmente interesados en las misiones, esto solo puede ser útil.

Esta conclusión también permite a los creyentes de la Biblia reconocer el hecho de la *philosophia perennis*. Además del apéndice de *La abolición del hombre* (mencionado antes), que muestra gran acuerdo en la sabiduría práctica a lo largo del tiempo y la geografía, C.S. Lewis también relata cómo varias tradiciones religiosas y filosóficas reconocieron la existencia de la ley natural en lo abstracto:

San Agustín define la virtud como *ordo amoris*, la condición ordenada de los afectos en la cual cada objeto recibe esa clase y grado de amor que le es apropiado. Aristóteles dice que el fin de la educación es hacer que el alumno guste y no guste de lo que debe. Cuando llega la edad del pensamiento reflexivo, el alumno así educado en «afectos ordenados» o «sentimientos justos» encontrará fácilmente los primeros principios de la Ética; pero al hombre corrupto nunca le serán en absoluto visibles y no puede progresar

---

[30] Bockmuehl, *Jewish Law*, 116.

en esta ciencia. Platón, antes que él, había dicho lo mismo. El pequeño animal humano no tendrá al comienzo las respuestas justas. Debe ser acostumbrado a experimentar placer, agrado, desagrado y odio hacia aquellas cosas que son en verdad placenteras, agradables, desagradables y odiosas. En la *República*, el joven bien criado es aquel «quien vea más claramente lo que está errado en las obras mal hechas del hombre o desviado en las de la naturaleza, y con justo desagrado censure y odie lo repugnante aun desde sus primeros años y preste deleitada alabanza a la belleza, recibiéndola en su alma y nutriéndose con ella, de modo que se convierta en un hombre de benigno corazón. Todo esto antes de que esté en edad de razonar; para que cuando la Razón por fin llegue a él, entonces, según ha sido criado, le extienda sus manos en bienvenida y la reconozca a causa de la afinidad que tiene con ella». En el antiguo Hinduismo, aquella conducta en los hombres que puede ser llama buena consiste en la conformidad y en la casi participación en el *Rta*: el gran ritual o modelo de naturaleza y sobre-naturaleza que se revela a la par en el orden cósmico, las virtudes morales, y el ceremonial del templo. Rectitud, corrección, orden, el *Rta* es constantemente identificado con *setva* o verdad, correspondencia con la realidad. Como Platón decía que el Bien estaba «más allá de la existencia» y Wordsworth que a través de la virtud las estrellas eran fuentes, así los maestros indios dicen que los dioses mismos nacen del *Rta* y lo obedecen. También los chinos hablan de una gran cosa (la máxima cosa) llamada *Tao*. Es la realidad más allá de todo predicado, el abismo que era antes del mismo creador. Es Naturaleza, es el Camino, la Vía. Es el Camino en el cual marcha el universo, en el que las cosas perpetuamente emergen, quieta y tranquilamente, en el espacio y el tiempo. Es también el Camino que todo hombre debe seguir en imitación de ese curso cósmico y supracósmico, conformando todas las actitudes a este magno ejemplar. «En el ritual —dicen las *Analectas*— es la armonía con la Naturaleza lo que se valora». Los antiguos judíos alababan igualmente la ley como «verdadera».[31]

El Fundamento Bíblico para una Cristiandad Protestante

Ver la Biblia como un respaldo de la ley natural significa que la civilización única a la que contribuyó el protestantismo de dos reinos no es socavada por la Escritura. Los precisionistas[32] y anabautistas se equivocaron al afirmar que no era posible un orden político que no se sometiera a su revelación privada y especial, ya que la justicia puede ser conocida por la sabiduría existente en la creación buena de Dios.

La ley natural también da libertad al magistrado civil para que realice su oficio sin estar subordinado al clero, ya que él está equipado para razonar de forma justa, lo cual explica pasajes bíblicos como Romanos 13:1-7.

Aclarando Asuntos Exegéticos

Reconocer que la Biblia asume el conocimiento de la ley natural también nos ayuda en dilemas exegéticos que continúan desconcertando a los eruditos bíblicos hasta nuestros días. Específicamente, ¿cómo explicamos la lógica de Jesús y Pablo, cuando declaran que algunas partes de la Torá ya no obligan a los cristianos (e. g., el sábado y las leyes kosher), pero otras partes aún están vigentes (e. g., las leyes contra la inmoralidad sexual)? La ley natural puede que sea la clave aquí, en el sentido de que los

---

[31] C. S. Lewis, *La abolición del hombre* (Vórtice: Buenos Aires, 2014), págs. 43-44.

[32] Precisionistas fue un nombre comun dado a algunos grupos dentro del puritanismo ingles por su fuerte adherencia a las formas externas.

primeros ejemplos claramente son «socialmente construidos» (incluso si es por orden divina), y los escritores de la Escritura explícitamente señalan esto.

Pablo expresa lo que es con seguridad su propia perspectiva de los días santos en Romanos 14:5, donde él dice: «otro juzga iguales todos los días». No hay nada en la naturaleza del sábado (o del domingo) que difiera de otro día de la semana. Y, como Bockmuehl señala, Jesús hace un argumento de ley natural cuando discute las leyes alimenticias:

> La declaración de Jesús es lo que podría llamarse un argumento de 'cómo son las cosas', a saber, que los alimentos impuros no van al corazón, sino al estómago, para luego ser expulsados en la cloaca (Marcos 7:19). El orden creado muestra que las comidas contaminadas simplemente pasan a través del cuerpo y no afectan el corazón, pero el mal tiene su propio asiento en el corazón y viene de dentro.[33]

Por supuesto, Jesús sabía que Dios había instituido las leyes alimenticias como una lección simbólica, pero ese es el punto. La Torá tenía el fin de simbolizar algo futuro, y Jesús estaba trayendo eso futuro a la realidad en su ministerio, haciendo que los símbolos ya no fuesen necesarios. Una vez que el aspecto simbólico de la ley dejó de aplicar, las leyes ya no eran necesarias.

Es decir, a menos que la ley natural las requiera. Así, el que Jesús señalara que la ley natural no requiere obediencia a la ley alimenticia significa que las leyes ya no son vinculantes como

---

[33] Bockmuehl, *Jewish Law*, 119. Observe que Dios hace el mismo argumento a Pedro en Hechos 10:15. De acuerdo con el orden de la naturaleza, todas las cosas son buenas. La Torá estableció leyes simbólicas que ya no están en vigor, y esas leyes nunca fueron estrictamente republicaciones de la ley natural.

resultado de su ministerio. Por otro lado, como hemos señalado, el apóstol Pablo y otros parecen aplicar algunas leyes del Antiguo Testamento a los cristianos, como, por ejemplo, en el campo de la ética sexual. Pero la inmoralidad sexual claramente desafía el propósito natural de los sexos, y hace daño a los seres humanos.[34]

A la luz de estas cosas, ¿es posible que, aparte de un puñado de mandatos que requieren actos rituales de los cristianos (e. g., el Bautismo y la Eucaristía)[35], el resto de la ley del Nuevo Testamento esté simplemente expresando lo que la ley natural y la prudencia ya exigen?[36] Si es así, podríamos manejar de una nueva manera la lógica de la ética del Nuevo Testamento, sin tratarla como una casuística basada en un código de ley positiva ligeramente diferente al código de ley positiva del Antiguo Testamento. Por supuesto, esta forma de pensar no es nueva, ya

---

[34] Mi análisis previo del razonamiento de Jesús sobre el divorcio corrobora esta hipótesis: él parece basar su enseñanza sobre el tema en el orden creado/la ley natural. Varios textos en la Escritura que se enfocan en la ética sexual fuera del campo de la relación sexual también parecen seguir un patrón similar (e. g., el razonamiento de Pablo sobre los roles de género apela al orden original de la creación). Y, como señalé antes, los textos que hablan de la homosexualidad hacen referencia a la ley natural, y así respaldan esta sugerencia hermenéutica.

[35] Incluso estas leyes, en un sentido secundario, son una expresión de la ley natural. Para una interesante reflexión en este sentido en relación con la Eucaristía, véase el trabajo del Dr. Peter Leithart, *Against Christianity* (Moscow, ID: Canon Press, 2003), 84, quien cita a Aquino citando a Agustín, explicando que «ningún grupo o cuerpo religioso puede existir sin signos y símbolos». Por lo tanto, si Dios quiere una comunidad visible, la ley natural requiere que él instituya algunos símbolos.

[36] Por supuesto, muchas obligaciones caben en la categoría de «prudencia». Esto incluye la obligación de actuar en conformidad con los hechos una vez que son reconocidos. Y esto incluirá hechos de historia, y más importante, hechos sobre lo que el Creador ha hecho en la historia. Y, aún más, entre estos actos históricos están los actos comunicativos de Dios conocidos como las Escrituras inspiradas. Una vez que estos son conocidos, las demandas de la prudencia requieren la creencia en todo lo que enseña la Biblia. Sin embargo, nada de esto anula mi punto principal.

que eruditos protestantes en jurisprudencia como Girolamo Zanchi llegaron a la misma conclusión siglos atrás:

> Así, los judíos en el tiempo de los apóstoles pecaron de dos maneras cuando quisieron someter a los gentiles que se convirtieron a Cristo a la ley mosaica: porque los gentiles nunca habían sido obligados por esta ley, y no se les aplicaba en absoluto, ya que Cristo mismo había liberado incluso a los judíos de esta ley. ¿Qué tan grande es la iniquidad, entonces, si los cristianos quieren someter a las personas de hoy, gentiles y magistrados, a la ley judaica? En tanto que esas leyes fueron dadas a los israelitas, no aplicaban a los gentiles. Es solo cuando coinciden con la ley natural y son confirmadas por Cristo mismo que aplican a todas las personas.[37]

La Vida Cristiana como una Reflexión Madura

Y esto lleva a una reflexión final sobre el valor de estas conclusiones. La Biblia constantemente describe la era del Nuevo Pacto como un tiempo en el que las personas tendrán conocimiento de Dios y Su voluntad de manera directa y madura. Todas las personas conocerán a Dios, y los maestros no serán necesarios. Ahora bien, aunque claramente estas bendiciones del Nuevo Pacto no han llegado a su plenitud, aun así, es claro que nuestro Señor quiso que las experimentáramos más que el Israel del Antiguo Pacto.

Él enseñó a sus discípulos que, a partir de su muerte, no los consideraría siervos, sino amigos, porque finalmente entenderían Sus intenciones. Y esto no solo describe a los doce, ya que Pablo

---

[37] Girolamo Zanchi, *On the Law in General*, en *Sources in Early Modern Economics, Ethics, and Law*, trad. y ed. Jeffrey J. Veenstra (Grand Rapids: Christian's Library Press, 2012), 81.

también hace el contraste entre el Antiguo y el Nuevo Pacto como entre un niño bajo un tutor y un hijo crecido y maduro. Si la reflexión anterior sobre asuntos exegéticos es correcta, esta naturaleza del Nuevo Pacto tiene sentido. Porque, aparte de unos pocos mandatos, la «ley» del Nuevo pacto no es nada más que la ley del amor, que es solo desear el bien a otros, y el «bien» es definido por la estructura de su ser. En otras palabras, casi toda la exigencia de Dios a los creyentes del Nuevo pacto es simplemente obedecer la ley de su propio ser; su propio florecimiento. Y esto realmente es como no estar bajo ninguna ley, al menos en el sentido que explica Agustín en su consejo memorable a aquellos que buscan la guía de Dios para sus vidas:

> Ved lo que trato de meteros en la cabeza: la bondad de las acciones de los hombres sólo se discierne examinando si proceden de la raíz de la caridad. En efecto, pueden realizarse muchas que poseen una apariencia de bondad, pero no proceden de la raíz de la caridad; también las zarzas tienen flores. Otras acciones, por el contrario, parecen duras y crueles, pero se llevan a cabo para imponer la disciplina bajo el dictado de la caridad. Así, pues, de una vez se te da este breve precepto: Ama y haz lo que quieras: si callas, calla por amor; si gritas, grita por amor; si corriges, corrige por amor; si perdonas, perdona por amor. Exista dentro de ti la raíz de la caridad; de dicha raíz no puede brotar sino el bien.[38]

---

[38] San Agustín, *Tratados sobre el Evangelio de San Juan (1.º)*, en *Obras completas de San Agustín. XIII* (BAC: Madrid, 2005), homilía séptima, 8.

BIBLIOGRAFÍA

—Agustín, S. *Tratados sobre el Evangelio de San Juan (1.º)*, en *Obras completas de San Agustín. XIII* (BAC: Madrid, 2005).

—Agustín, S. «Confesiones», en *Obras completas de san Agustín*, trad. Ángel Custodio Vega (BAC: Madrid, 2013).

—Aquinas, Thomas, S. *Commentary on Aristotle's Nicomachean Ethics*. Edición revisada, traducida por C. J. Litzinger. Notre Dame, IN: Dumb Ox Books, 1993.

—Aquino, Tomás, S. *Del ente y de la esencia*, trad. Mons. Luis Lituma P. y Alberto Wagner de Reyna (Losada: Barcelona, 2007).

—Aquino, Tomás, S. *Suma teológica*, I-II, q. 90, a. 1, edición dirigida por los regentes de estudios de las provincias dominicas en España (Biblioteca de Autores Cristianos: Madrid, 1964).

—Aristóteles, *Ética a Nicómaco*, trad. José Luis Calvo Martínez (Alianza Editorial, 2014).

—Aristóteles, *Retórica*, trad. Quintín Racionero (Editorial Gredos: Madrid, 1999).

—Barr, James. *Biblical Faith and Natural Theology: The Gifford Lectures for 1991: Delivered in the University of Edinburgh*. Oxford: OUP, 1993.

—Barth, Karl. *Church Dogmatics*. Traducido por Bromiley, Campbell, Wilson, McNab, Knight, y Stewart, y editado por G.W. Bromiley y T.F. Torrance. Peabody, MA: Hendrickson Publishers, 2010.

—Baur, Michael. «Law and Natural Law». En *The Oxford Handbook of Aquinas*, editado por Brian Davies & Eleonore Stump, 238-254. Oxford: OUP, 2014.

—Bockmuehl, Markus. *Jewish Law in Gentile Churches: Halakhah and the Beginning of Christian Public Ethics*. Grand Rapids: T & T Clark, 2003.

—Bohner, Philotheus. «The Realistic Conceptualism of William Ockham».

Traditio 4 (1946): 307-335.

—Bright, John. *Jeremiah: Introduction, Translation, and Notes.* Garden City, NY: Doubleday, 1965.

—Bruce, F. F. *The Epistle of Paul to the Romans: An Introduction and Commentary.* Edición revisada. 1985; reimpr., Grand Rapids: Wm. B. Eerdmans Publishing, 2003.

—Budziszewski, J. *The Line Through the Heart: Natural Law as Fact, Theory, and Sign of Contradiction.* Wilmington, DE: ISI Books, 2011.

—Burns, J. Patout, Jr., trad. y ed. *Romans: Interpreted by Early Christian Commentators.* Grand Rapids: Wm. B. Eerdman's Publishing, 2012.

—Calvin, Jehan. *Commentaires sur l'épistre aux Romains, in tome 3 of Commentaires de Jehan Calvin sur le Nouveau Testament.* Paris: Librairie de Ch. Meyrueis et co., 1855.

—Chadwick, G. A. *The Book of Exodus.* London: Hodder and Stoughton, 1898.

—Charlesworth, James H. *The Old Testament Pseudepigrapha, Volume 1: Apocalyptic Literature and Testaments.* New York; London: Yale University Press, 1983.

—Charlesworth, James H. *The Old Testament Pseudepigrapha and the New Testament, Volume 2: Expansions of the "Old Testament" and Legends, Wisdom, and Philosophical Literature, Prayers, Psalms and Odes, Fragments of Lost Judeo-Hellenistic Works.* New Haven, CT: Yale University Press, 1985.

—Chrysostome, Jean. *Homilies sur l'épître aux Romains.* Translated by Abbé J. Bareille. Vol. 8 of des Œuvres Complètes de S. Jean Chrysostome. Paris: Librairie de Louis Vives, 1871.

—Collins, John C. «Echoes of Aristotle in Romans 2:14– 15: Or, Maybe Abimelech Was Not So Bad After All». Journal of Markets & Morality 13, no. 1 (Spring 2010): 123-173.

—Collins, John J. *Encounters with Biblical Theology.* Minneapolis: Fortress Press, 2005.

—De Libera, Alain. «Question de réalisme. Sur deux arguments anti-ockhamistes de John Sharpe». Revue de Métaphysique et de Morale 97e Année, no. 1, Les Universaux (Janvier-mars 1992): 83-110.

—Feser, Edward. *Aquinas: Beginner's Guides.* 2009; repr., Oxford:

Oneworld Publications, 2010.

—Feser, Edward. *Scholastic Metaphysics: A Contemporary Introduction*. Germany: Editionses Scholasticae, 2014.

—Forde, Steven. «Hugo Grotius on Ethics and War». American Political Science Review 92, no. 3 (Sept. 1998): 639-48.

—Gagnon, Robert A. J. *The Bible and Homosexual Practice: Texts and Hermeneutics*. Nashville, TN: Abingdon Press, 2003.

—Gilson, Étienne. *Being and Some Philosophers*. 2nd ed. Toronto, ON: Pontifical Institute of Mediaeval Studies, 1952.

—Gilson, Étienne. *Le Réalisme Méthodique*. 2e ed. Paris: Chez Pierre Téqui, 1937.

—Gilson, Étienne. *Moral Values and the Moral Life: The Ethical Theory of St. Thomas Aquinas*. Traducido por Leo Richard Ward. Hamden, CT: The Shoe String Press, 1961.

—Gregory Nazianzus. *On Theology. In Five Theologial Orations*, traducido por Stephen Reynolds. Estate of Stephen Reynolds, 2011.

—Gregorio de Nisa, *La Gran Catequesis*, trad. Argimiro Velasco (Ciudad Nueva: Madrid, 1994).

—Grenz, Stanley. *The Moral Quest: Foundations for Christian Ethics*. Downers Grove, IL: InterVarsity Press, 1997.

—Hugo Grocio, *Del derecho de la guerra y de la paz*, trad. y ed. Jaime Torrubiano Ripoll (Editorial Reus: Madrid, 1925).

—Gudorf, Christine. «The Erosion of Sexual Dimorphism». Journal of the American Academy of Religion 69, no. 4 (Dec. 2001): 863-892.

—Haldane, Robert. *An Exposition of the Epistle to the Romans*. Florida: Mac Donald Publishing Company, 1958.

—Harrison, R. K., ed. *The Encyclopedia of Biblical Ethics*. New York: Testament Books, 1992.

—Hauerwas, Stanley. *The Peaceable Kingdom: A Primer in Christian Ethics*. Notre Dame, IN: University of Notre Dame Press, 1983.

—Henry, Carl F. H. «Natural Law and a Nihilistic Culture». First Things 49 (January 1995): 58. www.firstthings.com/article/1995/01/natural-law-and-a-nihilistic-culture.

—Hodge, Charles. *A Commentary on Romans*. Edición revisada. 1864; reimpr., Carlisle, PA: Banner of Truth Trust, 1975.

—Holmes, Arthur F. *Ethics: Approaching Moral Decisions*. Downers

Grove, IL: InterVarsity Press, 1984.

—Hooker, Richard. *Divine Law and Human Nature: Or, the first book of Of the Laws of Ecclesiastical Polity, Concerning Laws and their Several Kinds in General*. Editado/traducido por W. Bradford Littlejohn, Brian Marr y Bradley Belschner. Moscow, ID: The Davenant Press, 2017.

—Jordan, James B. Studies en *Food and Faith*. Tyler, TX: Biblical Horizions, 1989. Digital Version.

—Josefo, Flavio *Antigüedades de los judíos*, ed. Alfonso Ropero (CLIE: Barcelona, 2013).

—Keyser, Herman J. *A Commentary on Exodus*. Grand Rapids: Zondervan, 1940.

—Kidner, Derek. *Psalms 1-72: An Introduction and Commentary*. Downers' Grove, IL: InterVarsity Press, 1973.

—Kreeft, Peter. *Making Sense out of Suffering*. Ann Arbor, MI: Servant Books, 1986.

—Leithart, Peter. *Against Christianity*. Moscow, ID: Canon Press, 2003.

—Lewis, C. S. *La abolición del hombre* (Vórtice: Buenos Aires, 2014).

—Luther, Martin. *Commentary on the Epistle to the Romans*. Translated by J. Theodore Mueller. 1954; repr., Grand Rapids: Kregel Publications, 1979.

—Mangina, Joseph L. *Karl Barth: Theologian of Christian Witness*. Louisville, KY: Westminster John Knox Press, 2004.

—Maritain, Jacques. *Natural Law: Reflections on Theory and Practice*. Editado por William Sweet. South Bend, IN: St. Augustine's Press, 2001.

—Maritain, Jacques. *Philosophy of Nature*. Traducido por Imelda C. Byrne. New York: The Philosophical Library, 1951.

—Marshall, Wallace W. *Puritanism and Natural Theology*. Eugene, OR: Pickwick Publications, 2016.

—McCord-Adams, Marilyn. «Ockham's Nominalism and Unreal Entities». The Philosophical Review 86, no. 2 (abril 1977): 144-176.

—McInerny, Ralph. «Ethics». En *The Cambridge Companion to Aquinas*, editado por Norman Kretzmann y Eleonore Stump, 196-216. Cambridge: CUP, 2005.

—Moo, Douglas. *The Epistle to the Romans. New International*

Commentary on the New Testament. Grand Rapids: Wm. B. Eerdmans Publishing, 1996.

—Motyer, J. Alec. *The Prophecy of Isaiah: An Introduction & Commentary*. Downers' Grove, IL: InterVarsity Press, 1993.

—Murray, John. *The Epistle to the Romans*. Grand Rapids: Wm. B. Eerdmans Publishing, 1968.

—Oderberg, David S. *Real Essentialism*. New York: Routledge, 2007.

—Oswalt, John N. *The Book of Isaiah: Chapters 40-66, New International Commentary on the New Testament*. Grand Rapids: Wm. B. Eerdmans Publishing, 1998.

—Pinckaers, Servais. *The Sources of Christian Ethics*. Traducido por Mary Thomas Noble 3rd ed. Washington, DC: CUA Press, 1995.

—Plato, Parmenides. Traducido por Mary Louise Gill y Paul Ryan. Indianapolis, IN: Hackett, 1996.

—Rattigan, William. «Hugo Grotius». Journal of the Society of Comparative Legislation 6, no. 1 (1905): 68-81.

—Schaff, Philip. *The History of Creeds. Vol. 1 of The Creeds of Christendom*, editado por David S. Schaff. 6th ed. 1983; reimpr., Grand Rapids: Baker Books, 2007.

—Schaff, Philip. *The Evangelical Protestant Creeds. Vol. 3 of The Creeds of Christendom*, editado por David S. Schaff. 6th ed. 1983; reimpr., Grand Rapids: Baker Books, 2007.

—Schreiner, Thomas R. *Romans. Baker Exegetical Commentary on the New Testament*. Grand Rapids: Baker Books, 1998.

—Sertillanges, A.G. *La Philosophie Morale de St. Thomas d'Aquin*. 2e ed. Paris: Éditions Montaigne, 1946.

—Skehan, Patrick W. y Alexander A. Di Lella, O.F.M. *The Wisdom of Ben Sira: A New Translation With Notes, Introduction and Commentary*. Vol. 39 de la Anchor Yale Bible. New Haven, CT: Yale University Press, 2008.

—Smick, Elmer B. «Job». En *The Expositor's Bible Commentary: 1 & 2 Kings, 2 & 2 Chronicles, Ezra, Nehemiah, Esther, Job*, editado por Frank E. Gaebelein, 843-1060. Grand Rapids: Zondervan Publishing House, 1988.

—Turretin, Francis. *Institutes of Elenctic Theology*. Traducido por George Musgrave Giger, y editado por James T. Dennison, Jr. Phillipsburg,

NJ: P&R Publishing, 1992.

—Van Til, Cornelius. *Christian Apologetics*. Editado por William Edgar. 2.ª ed. Phillipsburg, NJ: P&R Publishing, 2003.

—Van Til, Cornelius. *The Defense of the Faith*. Editado por K. Scott Oliphint. 4.ª ed. Phillipsburg, NJ: P&R Publishing, 2008.

—Veatch, Henry. *Realism and Nominalism Revisited*. Milwaukee, WI: Marquette University Press, 1954.

—Vermigli, Peter Martyr. *Philosophical Works: On the Relation of Philosophy to Theology*. Traducido y editado por Joseph C. McLelland. Kirksville, MO: Sixteenth Century Essays & Studies, 1996.

—Walton, John. *The Lost World of Genesis One: Ancient Cosmology and the Origins Debate*. Downers Grove, IL: InterVarsity Press, 2009.

—Whiston, William, trans. *The Works of Josephus: Complete and Unabridged*. Peabody: Hendrickson, 1987.

—Witherington, Ben, III y Darlene Hyatt. *Paul's Letter to the Romans: A Socio-Rhetorical Commentary*. Grand Rapids: Wm. B. Eerdmans Publishing, 2004.

—Wippel, John F. *The Metaphysical Thought of Thomas Aquinas: From Finite Being to Uncreated Being*. Washington, D. C.: Catholic University of America Press, 2000.

—Wright, N. T. «The Letter to the Romans». En *The New Interpreter's Bible, Vol. 10: Acts, Romans, 1 Corinthians*, editado por Leander E. Keck, 393-770. Nashville, TN: Abingdon Press, 2002.

—Yonge, Charles Duke, trad. *The Works of Philo: Complete and Unabridged*. Peabody, MA: Hendrickson, 1995. Young, Edward J. *The Book of Isaiah*. 1972; reimpr., Grand Rapids: Wm. B. Eerdmans Publishing, 1979.

—Zanchi, Girolamo. *On the Law in General*. Traducido y editado por Jeffrey J. Veenstra. *Sources in Early Modern Economics, Ethics, and Law*. Grand Rapids: Christian's Library Press, 2012.

ACERCA DEL INSTITUTO DAVENANT

The Davenant Institute apoya el resurgimiento de la sabiduría cristiana para la iglesia contemporánea. Este busca respaldar la investigación histórica en la iglesia y la academia, construir redes de amistad y colaboración dentro del mundo reformado y evangélico, y equipar a los santos con recursos históricos para el testimonio fiel de la verdad. Somos una organización sin fines de lucro apoyada por generosos donantes. Aprende más sobre nosotros y dona en www.davenantinstitute.org

[Página en blanco]